평생 연봉, 나는
토지투자로 받는다

글 김용남 · 감수 **송희창**

프롤로그

토지투자를 알면 부자가 될 수 있고, 택지지구 투자를 알면 더 큰 성공을 이룰 수 있다

1막보다 더 화려한 인생 2막

투자를 기준으로 내 인생을 나눈다면 1막은 전, 답 등의 토지 형질을 변경하여 대지나 공장 부지로 만들어 매각하는 투자, 즉 토지개발을 통해 수익을 올렸던 시기이다. 이어지는 2막은 택지지구에 투자를 하고 있는 현재라고 할 수 있다.

과거 토지개발만이 토지투자로 수익을 내기 위한 정답이라고 생각했던 나에게 또 다른 기회가 눈에 들어오기 시작했는데, 그것이 바로 도시지역의 투자인 택지개발지구에서의 토지 시장이었다. 물론 인생 1막에서 터득한 투자 방식도 토지를 개발하여 매입한 시기부터 매각하기까지 약 1년 정도의 기간이 소요되었기에 주로 단기 투자를 했고 큰 수익을 올릴 수 있었다. 그러나 택지지구 투자로는 지금까지 상상했던 수익률 이상을 거둘 수 있고, 그것도 겨우 6개월 만에 수익을 실천할 수 있는 토지투자 방법을 알게 된 것이다.

그러고 보니 나는 여태껏 토지에 투자하는 것을 장기 투자로 생각해 본 적이 단 한 번도 없는 것 같다. 매입 단계부터 추후 수월하게 매도할 수 있는 토지를 샀으며 어떻게 하면 더 빨리 팔 수 있을지, 또한 어떻게 하면 많은 수익을 거둘 수 있을지 고민해 왔다. 그 덕분에 나는 젊은 나이임에도 많은 돈을 벌 수 있었고 더불어 값지고 귀중한 경험도 축적할 수 있었던 것 같다.

그런데 이제는 더 빠르게 매도하고 훨씬 큰 수익을 안겨 주는 노하우들과 또 다른 토지 시장을 알게 되었다. 택지개발지구에서 투자를 한 지인들을 보면 수 개월 만에 몇 억 원에서 몇 십억 원을 번 사람들이 많다.

도전하라, 그대의 더 나은 인생을 위하여

예전에는 어려운 일들을 겪을 때 나에게 왜 이런 일들이 생기는 걸까 하면서 그 상황을 부정하고 피하려고만 했는데 그 일들이 모두 해결되고 지금 그때 일들을 추억하는 나를 바라보면서 정말 돈 주고도 못할 경험들을 했다는 사실을 알게 되었다.

그런데, 늘 생각했던 것 같다. 내가 일하고 있을 때 겪었던 일들을 책으로 정리해 놓으면 얼마나 좋을까 하고. 그래서 토지투자를 갈망하는 많은 사람들에게 땅에 투자한다는 것이 얼마나 훌륭한 단기 투자의 수단이 될 수 있는지, 그리고 그들이 겪거나 겪을 일들에 작은 안내가 될 만한 사항들을 알려주고 싶었다. 그렇게 마음을 먹고 2014년에 《1년 안에 되파는 토지투자의 기술》이라는 책을 발간하게 되었고, 그 책은 많은 독자들의 사랑을 받아 토지 분야 베스트셀러가 되었으며, 1년이 경과해도 꾸준히 인기 있는 스테디셀러가 되었다. 하지만 1권을 집필하면서 조금 더 심도 있는 이야기를 하지 못한 것이 줄곧 아쉬웠기에, 결국 이렇게 2권까지 집필하게 되었다.

다시 한번 밝히는데 토지에 투자한다는 것은 불확실한 미래에 투자하는 것이 결코 아니다. 토지투자는 단기차익을 올릴 수 있는 훌륭한 투자 방법이 될 수 있다. 그래서 이 책에서는 토지투자를 통하여 단기차익을 갈망하는 이들에게 크게 두 가지로 나누어 설명을 했다. 첫 번째는 토지를 바라보는 시선이 어떻게 달라야 하는지, 그리고 어떤 것들을 만들어 가야 하는지이다. 이를 위하여 토지를 분석하는 방법, 개발행위허가 절차나 매도 방법, 투자 위험을 해결해 나가는 과정 등을 사례와 함께 쉽게 설명했다. 두 번째는 택지개발지구 내에서 단기차익을 낼 수 있는 방법을 담았다. 이를 위해서는 택지를 효율적으로 분양 받는 방법과 택지에서 수익형 부동산을 만드는 과정과 핵심을 다뤘다.

나는 이 책을 통해 분명하게 말하고 싶다. 똑같은 투자 대상일지라도, 투자가가 그것에 대한 시선을 차별화 할 수 있다면 그 시선은 자기만의 엄청난 무기가 될 수 있고, 이를 통해 많은 수익을 올릴 수 있다는 것을 말이다. 이 모든 것들을 진솔하면서도 정성껏 이 책에 담았다. 토지투자를 통하여 부자가 되고 싶어하는 많은 사람들에게 부디 보탬이 되었으면 하는 바람이다.

김공인, 김용남

프롤로그

1부 비도시 지역에서 수익 올리기

1 도시도 아닌 땅에 겨우 1년, 최소한의 현금으로 투자한다
1. 토지 고르는 안목을 키우는 방법 — 13
2. 단기 투자를 위해서는 용도가 보이는 토지를 매입하자 — 16
3. 고수는 비싼 토지를 산다 — 20
4. 개발되어 있는 부지의 값을 판단하는 요령 — 21
5. 어떤 매수자에게 팔 것인지 매입 전부터 고려하자 — 23
6. 중개업자들이 많은 곳에 가서 땅을 사라 — 24
7. 토지를 살 때 최소한의 투자금만 투입하는 방법 — 25
8. 컨설팅 매매도 기회가 될 수 있다 — 27

2 비도시지역의 땅에 투자하기 전 알아야 하는 것들
1. 우리나라의 용도지역 구분하기 — 31
2. 어떤 개발행위허가를 얻느냐가 토지의 값어치를 바꾼다 — 33
3. 개발행위허가를 얻은 토지는 허가기간을 확인하자 — 36
4. 도시계획도로에 접했다고 무조건 좋은 땅은 아니다 — 40
5. 건폐율의 숫자 따라 선호하는 땅이 다르다 — 42
6. 관리지역의 성격을 파악하는 방법 — 45
7. 지목을 보고 개발 비용을 짐작하자 — 48
8. 현장 상황에 맞는 공사가 토지의 쓰임새를 늘린다 — 49

3 토지 용도 쉽게 예측하는 방법, 위성사진을 통하여 현장을 파악하라

1. 토지를 온라인으로 먼저 분석한다   53
2. 부지 매입 전에 사업성을 판단하자   56
3. 주택 분양이 잘 될 것 같은 토지   62
4. 용도지역과 용도지구가 동시에 설정된 토지   69
5. 상가 수요가 예상되는 토지   75
6. 공장 부지로 적합한 토지   79
7. 현황도로와 현황배수로를 갖추고 있어 개발이 가능한 토지   85
8. 저수지가 가까이 있어 매도가 용이할 토지   89
9. 단기매매를 목적으로는 매입해서는 안 되는 토지   93
10. 공동투자 방식으로 차익과 임대 수익을 거두는 토지   96

4 눈에 보이지 않는 위험, 주의 또 주의!

1. 공장으로 허가를 받을 수 없다고요?   103
2. 땅 위에 묘가 있어요   106
3. 무허가 건물의 주인이 나타났어요   110
4. 현황도로의 주인이 길을 막아버렸어요   112
5. 허가가 나와 있으면 무조건 좋은 땅인 줄 알았어요   115
6. 공장에서 가까운 빌라인데도 세가 나가지 않아요   117
7. 분양 받은 개발 부지에 세금 폭탄을 맞았어요   119
8. 지적도와 측량 결과가 달라요   121
9. 기재된 용도와 이용현황이 일치하지 않아요   123
10. 허가를 취소하려니 원상복구 하래요   126
11. 개발할 때 제일 무서운 것은 사람이에요   129

5 토지를 개발할 때 수익을 더 내려면

1. 토지의 매력을 높이는 방법   133
2. 조성비가 면제되는 땅은 법률로 정해져 있다   136
3. 토지거래허가구역 토지, 외지인도 살 수 있다   140
4. 투자 시간과 개발 비용을 줄이자   144
5. 매입할 때에는 토지를 처음 사는 사람처럼 행동하라   148
6. 측량 면적이 달라질 때 대처하는 법   151
7. 수요가 꾸준한 토지를 찾아라   152

2부 도시지역에서 수익 올리기

6 도시지역의 땅, 택지 투자 시작하기

1. 택지개발지구로 지정되는 곳 선점하기   159
2. 택지를 분양 받는 것은 아파트만큼 매력적이다   161
3. 택지 투자로 돈이 들어오는 구조를 만드는 법   164
4. 택지 시장의 또 다른 소비자, 건축업자를 잡아라   169
5. 택지 투자만큼 안전한 투자처는 없다   170

7 택지에 투자하기 전 알아야 하는 것들

1. 택지는 일석삼조의 땅 — 175
2. 이주자택지 vs 협의자택지 — 178
3. 건물의 모습을 결정짓는 것은 건폐율과 용적률 — 181
4. 시세는 주변 주거지역의 땅값을 반영한다 — 184
5. 택지를 분양 받기 위한 방법 — 187
6. 분양받은 택지에 대출하기 — 191

8 택지로 수익형 부동산 만들기

1. 택지지구에서 좋은 매물 고르는 요령 — 195
2. 투자 수익이 큰 택지를 고르려면 사용 시점을 주목하라 — 201
3. 공실률을 가늠하는 방법 — 203
4. 택지지구에서 명의변경하기 — 205
5. 다가구 주택을 만들기 위한 절차 — 208
6. 건축시장이 살아 있는 곳에 투자의 기회가 있다 — 210
7. 수익률과 건물의 모습을 상상하라 — 212
8. 택지지구에는 가구 수 제한이 있다 — 216
9. 연부취득과 두 번의 등기로 기회를 넓힌다 — 218

에필로그 — 220
부록 실전에서 꼭 만나는 서류들 — 223

비도시지역에서 수익 올리기

토지투자를 시작하는 많은 사람들은 토지를 어떻게 판단해야 하는지를 늘 궁금해 한다. 이제부터 논, 밭 등 원형지를 볼 때 눈에 보이지 않는 위험을 파악하는 방법과 앞으로 토지를 어떻게 분석해야 하는지를 살펴보자.

1 도시도 아닌 땅에 겨우 1년, 최소한의 현금으로 투자한다

1 토지 고르는 안목을 키우는 방법

무슨 일을 하든 사람에게 계기라는 것이 필요하다. 토지 고르는 안목을 키우는 일도 마찬가지다. 계기를 발판 삼아, 네이버 등 포털을 검색하고 뉴스를 부지런히 보는 등 토지를 알기 위하여 노력해야 한다.

나는 공인중개사 자격증을 취득하고 땅에 대한 어떠한 지식도 갖추지 않은 상황에서 토지 시장을 접했고, 어떻게 보면 아무것도 알지 못하는 상태에서 토지중개를 해야만 했다. 내가 일한 곳은 전세나 월세, 주택 매매 등은 전혀 할 수 없는 시골 지역의 중개업소였고 오로지 토지중개만을 위한 사무실이었기 때문에 문을 열고 들어오는 손님은 대부분 토지투자를 하거나 땅을 사용하여 영업을 해야만 하는 실수요자들이었다.

어느 날 손님이 들어왔다.

"공장을 운영하고 있어요. 공장 부지로 나온 적당한 땅이 있습니까?"

그 질문을 받은 순간, 나는 머리 속이 하얘졌다. 공장 부지가 무엇을 말하는 것일까. 그때만 해도 토지에 대한 지식이 전무한 상태여서 몇 개의 지목이 있고 몇 개의 용도지역이 있는지도, 그 용도지역의 성격이 무엇인지도 몰랐고 개발행위허가라는 것이 무엇인지도 알지 못하는 상태였다.

하지만 나는 중개업소에서 일하는 사람이다. 즉 물건을 팔기 위하여 나온 사람이었기에 어떤 말이라도 해야만 했다.

"네. 지금 공장 부지가 없습니다."

"공장 부지가 없다고요? 여기 내려오는 길에 부지 조성된 곳을 많이 보았는데 나온 매물이 하나도 없나요?"

그때만 해도 나는 전, 답, 임야처럼 '공장 부지'라는 지목이 따로 있는 줄만 알았다. 그래서 매물이 진짜 하나도 없느냐고 따지듯이 물어보는 손님에게 아주 단호하게 말했던 것 같다.

"공장 부지는 없다니까요!"

그렇게 손님을 보내고 자리에 앉았다. 그때 어찌나 나 자신이 초라하고 볼품없게 느껴지던지. 너무 창피하고 화가 났다. 그리고 이때 결심했던 것 같다. 나는 토지 시장에서 토지를 팔아야만 하고, 그러기 위해서는 토지를 알아야 한다고 말이다.

하지만 그 일을 겪고 난 뒤에도 여전히 어떻게 토지를 공부해야 할지 막막했다. 그러한 상황에서 나는 사무실에 출근하면 네이버 등 포털을 검색하기 시작했다. 지목이 무엇인지 용도지역이 무엇인지, 또한 개발행위허가라는 것이 무엇이고 사람들이 흔히 이야기하는 주택 부지와 공장 부지가 무엇인지 말이다. 그렇게 검색을 하면서 점점 내가 많은 것을 알아가고 있다는 것을 느끼기 시작했고 토지 시장을 머리 속에 정리해 갔다.

한참을 그렇게 공부하던 중, 드디어 공장 부지를 팔 수 있었고 어린 나이인 26살에 목돈을 만질 수 있었다. 그 이후부터 나의 검색은 탄력을 받았으며 그렇게 배운 지식들을 응용하기 위하여 네이버 뉴스를 클릭하며 부동산 분야의 경제면을 구독하기 시작했다. 나는 오로지 토지에 관심이 있었기 때문에 헤드라인에 토지와 관련된 기사가 나오면 무조건 읽어 나갔다. 그 기사를 이해하기 위해서는 용어와 개념을 모두 알아야만 했다. 그리고 '실무에서 이런 일도 일어날 수 있구나.'라는 생각을 하면서 기사를 통해 간접 경험을 쌓았다. 그렇게 검색과 뉴스를 통해 토지에 대한 안목이 생겨났다. '이런 땅은 이런 점이 문제가 될 수 있겠구나.' '저런 땅은 저렇게 하면 돈을 벌 수 있겠구나.'라는 생각을 하게 되면서 토지를 보는 시선이 달라지게 되었다. 그때부터 나는 토지를 보면 무엇이 문제가 될 수 있을지 상상할 수 있게 되었고, 토지에 내재되어 있는 가치를 발견하려 했던 것 같다.

이제 나는 어떤 토지를 보기만 하면 돈 되는 땅, 돈이 안 되는 땅을 구분할 수 있을 정도가 되었고 토지와 관련된 일을 하는 그 어떤 사람과 견주어도 토지를 보는 시선만큼은 뒤쳐지지 않을 정도에 이르렀다. 내가 겪어 온 과정을 돌아보면 토지를 볼 줄 아는 안목을 가지기 위해서는 용어를 정리해야만 하고 그 개념들이 어떻게 응용이 되는지를 뉴스를 통해 간접적으로나마 체험해야 한다. 그렇게 하다 보면 자신도 모르게 토지를 보는 안목이 만들어질 것이다. 여러분도 할 수 있다.

단기 투자를 위해서는 용도가 보이는 토지를 매입하자

토지를 살 때 반드시 결정해야 하는 것이 한 가지 있다. 바로 장기 투자를 할 것인지 아니면 단기 투자를 할 것인지에 대한 선택이다. 만약 단기 투자를 할 것이라고 마음을 먹었다면 토지를 매입함에 있어 가장 중요한 것은 토지의 용도를 보는 것이다.

토지의 용도를 살피는 일은 매수자 입장에서 생각해 보면 간단히 해결된다. 즉, 내가 투자자가 아닌 실수요자라면 과연 이 토지를 매입할 생각이 들 것인가를 검토하는 것이다. 예를 들어 토지를 보러 가는 길이 몇 m 도로인지 또는 나들목 근처에 있는지, 주변에 편의시설이 들어왔는지 또는 인가가 많은지, 토지가 도로를 기준으로 남쪽을 보고 있는지 북쪽을 보고 있는지 등 말이다. 토지 위에 집을 지으려 하는 사람이라면 먼저 도로를 기준으로 땅의 방향을 확인할 것이고 집으로 들어가는 길의 폭이나 주변 편의시설까지의 접근성을 따져 볼 것이기 때문이다. 또한 그 토지 위에 공장을 지으려는 사람이라면 주변에 집들이 많아 민원 소지가 있는지, 큰 차량이 통행할 만큼 진입로가 넓은지 등을 파악할 것이다.

어떤 토지를 봤을 때 '이 땅에 무엇을 하면 정말 좋겠다'라는 생각, 즉 토지의 용도가 보이지 않는다면 그 토지는 절대 단기 투자의 대상이 될 수 없기 때문에 단기 투자를 목적으로 매입하지 말아야 하는 땅이 된다.

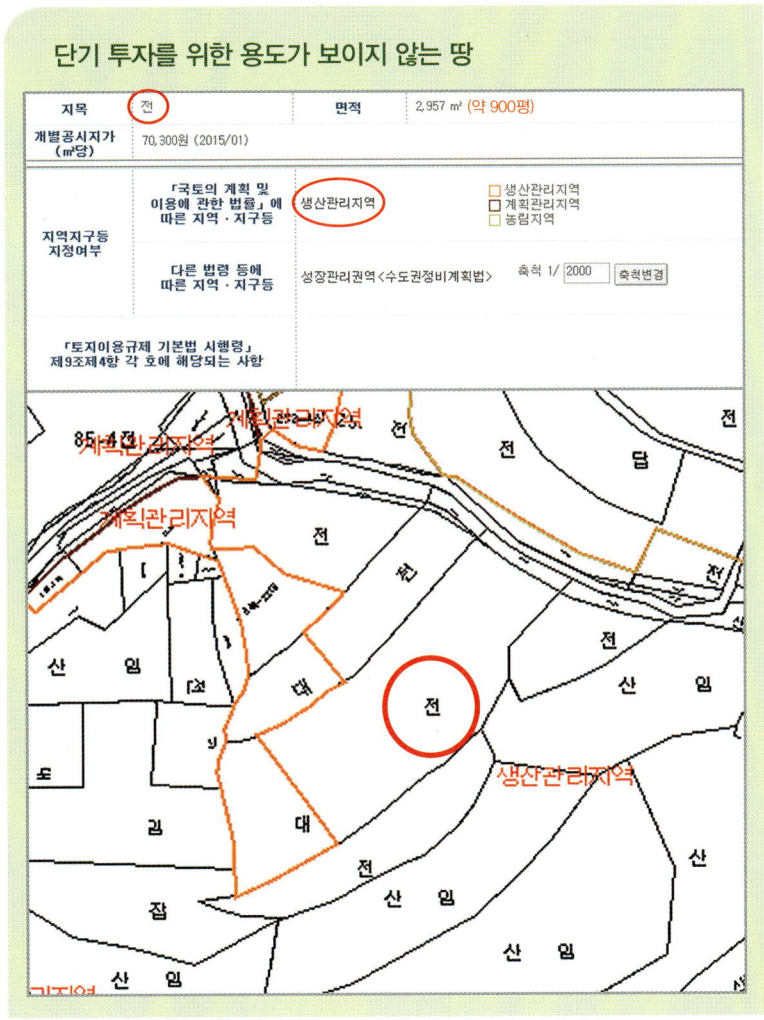

생산관리지역에서 공장의 신축은 불가능하지만 주택의 신축은 가능하다. 그런데 앞서 본 토지이용계획확인원의 용도지역은 생산관리지역이다.

이 토지를 주택 부지로서 검토해 보자. 우선 도로를 기준으로 북쪽을 바라보고 있는 토지이다. 부지의 면적 또한 2,957㎡로 약 900평 정도가 된다. 면적상으로 주택 부지를 조성하기에는 큰 규모이다. 또한 토지 모양은 네모반듯하지만 본 토지의 지목이 전이라 농지이므로 지대가 높지 않으리라는 것을 예상할 수 있으며, 지목이 임야가 아니기에 산을 끼고 있는 전원주택 부지를 선호하는 사람들에게 좋은 조건으로 보이지 않으리라는 것을 짐작할 수 있다. 또한 주변 지목을 보면 전, 답, 임야 등이 많은 것으로 보아 이곳은 허허벌판일 것이라고 판단된다.

실제로도 토지 주변은 주로 논과 밭이다.

도로 주변을 확대한 모습을 보면, 2차선의 도로에서 뻗은 도로가 넓어 보이지 않는다.

아니나 다를까, 위성사진을 보면 주변이 휑하다. 이러한 점들 때문에 이 땅은 전원주택 부지를 조성하기에 좋은 조건을 갖추었다고 보이지 않는다. 또한 도로 주변을 확대해 보면 진입로 또한 넓지 않아 '용도가 보이는 토지'는 아니므로, 이 토지는 단기 투자에 적합하지 않다고 보면 될 것이다.

전원주택 부지로 좋은 토지의 조건

1. 지대가 높은 지형
2. 뒤에는 산이 있고 앞에는 물이 있는 조건 (배산임수)
3. 진입로가 넓은 곳
4. 진입로를 기준으로 남쪽을 바라보는 토지
5. 편의시설과도 접근성이 높은 곳

③ 고수는 비싼 토지를 산다

나는 누가 보아도 좋아 보이고 쓰임새가 많아 보이는 토지라면 그것을 싸게 매입하려 하지 않는다. 좋은 토지는 저렴하게 사 들이려 노력해도 그리 되기가 쉽지 않고, 토지 가격에는 이유가 있기 때문이다. 따라서 매도자가 달라는 값이 어느 정도 시세에 맞는다고 판단이 들면 매입하는 편이다. 실제로 누구나 탐낼 만한 토지를 이렇게 매입하면 단기간에 매도할 수 있다. 내가 매도하려 할 때 금액이 문제일 뿐 많은 사람이 매입하려 하기 때문이다.

사람들은 토지를 살 때 저렴한 값을 치러야만 빨리 팔 수 있을 것이라고 생각한다. 상식적으로 생각해 보자. 누가 보아도 마음에 들어할 만한 땅을 주인이 과연 싸게 팔려고 할까? 그렇지 않을 것이다. 언제 팔아도 팔릴 것 같고 여러 면으로 볼 때 쓰임새가 많아 보이는 토지를 낮은 값에 매물로 내어 놓지 않을 것이다. 하지만 사람들은 그러한 땅을 싸게만 사려고 한다. 이도 어쩔 수 없는 것이 매수자 중 대다수가 많은 현금을 보유하고 있지 않고, 토지를 살 때에 대출을 최대한 적게 이용할 생각을 하기 때문일 것이다.

나는 토지를 매입함에 있어 대출 비용을 그저 경비로 생각하기에 대출을 최대한 활용하여 대출액을 많이 받고 최소한의 현금이 투입되게 만든다. 그리고 나서 투자금 대비 수익률을 따진다. 비싼 땅도 마찬가지다. 토지 값이 높을수록 대출을 더 많이 받을 수 있으므로 대출액을 최대로 확보하여 최소한의 현금으로 투자를 할 수 있게 설정한다. 토지 값이 비싸다는 이야기는 다르게 해석하자면 이 땅이 많은 가치를 가지고 있다는 것을 의미하는 것이다. 때문에, 토지투자에서 단기 매매를 하기 위해서는 값이 싼 토지 보다 비싼 토지를 매입해야 단기 투자에 대한 이윤을 기대할 수 있을 것이다.

 개발되어 있는 부지의 값을 판단하는 요령

토지 시장에서 사람들이 개발되어 있는 어떤 토지를 보았을 때 이 토지가 가치가 있는 물건인지 파악할 수 있는 이유는 개발되어 있는 부지의 값을 역으로 계산하여 원석에 해당했을 원형지의 가격을 찾아낼 수 있기 때문이다.

예를 들어 2차선 도로변에 있으면서 지목이 공장인 120평 정도의 나대지가 있다고 가정을 하자. 이 대지의 평당 가격이 250만 원이다. 이때 2차선 도로변의 원형지 시세가 평당 150만 원이라고 한다면 이 토지는 괜찮은 물건일까?

많은 사람들이 실제 토지 시장에서 이와 같은 물건을 본 적이 있을 것이다. 이 토지의 개발 비용을 역으로 계산하는 과정은 이렇다.

1. 공장으로 지목이 변경되기 전 지목을 대장을 통하여 확인한다

이전 지목이 전이었다고 하면, 전은 농지이기에 농지전용허가 및 개발행위허가를 받아야 하고 그에 따른 세금인 농지보전분담금을 납부해야 한다.

> 평당 공시지가의 30% × 120평 = 농지보전분담금

2. 지목을 변경하기 위한 절차를 생각해 본다

또한 전인 지목을 공장 용지로 바꾸기 위하여 개발행위허가, 시의 도시계획심의를 거쳐야 할 것이다. 도시계획심의를 거치는 것은 비용과 시간을 추가로 부담해야만 하는 일이다. 2차선 도로변의 땅이다 보니 분명히 도로점용허가를 받았을 것이며, 이미 공장 용지로 개발행위준공을 얻었다는 것은 그 전에 도로점용에 의한 가·감속차선 공사가 마무리 되었다고 생각할 수 있을 것이다.

> 도시계획심의 비용: 평당 심의비용 약 224만 원 × 120평
> 심의기간: 3개월 ~ 6개월 소요

3. 대지의 규모를 생각한다

또한 대지 규모를 보면 토지는 120평이다. 시골지역에서 조그마한 땅이 매물로 나오기가 쉽지 않다는 점을 감안하면 보기 힘든 규모의 토지다.

4. 추가 비용이 투입될 여지와 용도를 따져 본다

이미 개발행위허가 준공을 받았으므로 보유하면서 추가 비용이 들어갈 여지가 없으며 지금 당장 토지임대차가 가능한 땅이다. 공장이 가능하다면 근린생활 허가도 가능할 것이기에 도로변이라는 것까지 감

안한다면 식당이나 사무실 등등 여러 가지의 용도가 가능한 부지라고 판단된다.

이미 개발되어 있는 부지를 볼 때 이렇게 그 부지를 만들기까지의 과정을 역으로 살피고 계산해 보면 그 토지가 가치가 있는 땅인지 아닌지를 판단할 수 있다.

 어떤 매수자에게 팔 것인지 매입 전부터 고려하자

모든 부동산 상품은 매입을 할 때보다 매도를 하려고 할 때 더 어렵다고 느낄 것이다.

매수자를 특정한다는 것이 어떤 의미일까? 바로 토지를 보았을 때 그 토지의 용도를 떠올리는 것이다. 예를 들어 400평 가량의 땅이 있다고 가정을 하자. 이 토지의 위치는 2차선 도로에서 200m 가량 마을 안쪽으로 들어가야 하는 곳이며 진입로의 폭은 3m 정도이다. 진입로를 기준으로 북쪽을 쳐다보고 있는 땅이며 주변에 집이 많이 있다. 이 상황에서 이 토지를 매입하여 단기간 안에 팔 수 있을지를 생각해 본다면 위 부지는 매입을 하지 않는 것이 좋다.

왜냐하면 세 가지 때문이다. 먼저 주거형 건축이 이루어질지, 즉 집을 짓고 살고 싶은지를 파악해 보면 북쪽을 바라보고 있다는 것이 단기간에 팔기에는 약점이다. 또한 업무용 부지, 즉 공장 부지로 판단해 본

15톤 덤프트럭(좌)과 25톤 덤프트럭(우)의 모습이다.

다 해도 2차선 도로에서 200m 들어간 곳까지 3m 폭의 길이 유일하다는 것은 약점으로 작용할 것이다. 차량의 폭을 감안하면 대형 트럭과 승용차가 마주쳤을 때 통행이 어려울 것이라는 판단이 들기 때문이다. 또한 주변에 집들이 있다는 것은 민원의 가능성을 염두에 두어야 하므로 공장 부지로서 또 하나의 약점이 있는 셈이 된다.

이렇게 토지의 용도를 파악하다 보면 매수자를 특정할 수 있기에 단기매매를 위하여 토지를 매입하려 할 때 여러 변수를 고려하고 주의할 수 있다.

중개업자들이 많은 곳에 가서 땅을 사라

토지를 빨리 팔기 위하여 매입했다면 내 땅을 팔아줄 사람들이 많은 곳에 가서 땅을 사야 한다. 즉 중개업자들이 많은 곳에 가서 토지를 매입한다는 말이다. 중개업자들이 여럿 있다면 거래는 항상 빈번히 이루어질 것이고 이는 내가 산 부지도 빨리 거래될 수 있다는 의미이다.

다만 중개업자들이 많은 곳의 특징은 토지 값이 비싸다는 점이다. 그러나 나는 대출을 활용하여 적은 현금으로 토지를 매입할 수 있기 때문에, 땅값이 비싸더라도 토지를 살 때 현금이 많이 들어가지 않는다. 그리고 비싼 땅들의 특징은 누가 보아도 좋아 보인다는 것이기에 이윤을 적게 생각한다. 이러한 땅은 단기간에 매도하기에 더없이 좋은 조건을 가지고 있다. 따라서 토지투자를 하여 단기매매를 하기 위해서는 중개업자가 많은 곳에 땅을 사야 할 것이다.

토지를 매입할 때 최소한의 투자금만 투입하는 방법

이제부터 토지에 투자하여 단기매매를 하기 위한 최소한의 현금이 들게 하는 방법에 대하여 설명할 것이다. 이것의 핵심은 대출액을 높이는 것이다.

예를 들어 지목이 전인 500평의 토지가 있다고 하자. 만약 이 땅이 평당 60만 원에 나왔다면 총 매도가는 3억 원이 될 것이다. 이때 은행에서 보는 담보평가 기준을 살펴보아야 하는데, 개발행위허가를 받지 않은 농지는 그저 농지로서의 가치로밖에 보지 않아 대출액을 그리 많이 받을 수는 없을 것이다.

여기서 눈치챘을 것이다. 지목이 농지일지라도 개발행위허가를 받은 농지는 은행에서 감정평가를 할 때 인근 대지를 기준으로 감정한다. 이에 개발행위허가를 받는다는 전제로 인근 은행에 대출감정을 의뢰한다. 물론 일반인들이 쉽게 쓰지는 못하는 방법이므로 가까운 중개업자에게 부탁하는 것이 좋다. 왜냐하면 인근 중개업자들은 은행과의 친분이 있기에 허가를 받는다는 전제하에 감정을 요구할 수 있기 때문이다. 이렇게 감정을 하게 되면 실제 대지 거래금액이 감정가가 될 수 있으므로 감정금액이 3억 원에 이를 수 있다. 은행 별로 담보율도 다르고 허가의 종류에 따라서도 차이가 있겠지만, 보통 감정가의 70%만큼을 대출해 준다고 가정하면 허가를 전제로 대출감정을 의뢰했을 때 2억 1000만 원의 대출액을 이용할 수 있게 된다.

> **개발허가를 득했을 때의 대출금 :**
> 500평 × 60만 원 × 70% = 2억 1천만 원

대지로 개발행위허가를 받은 농지는 인근 대지를 기준으로 감정하기에 실제거래가가 감정가가 될 수 있는 것이다. 토지투자의 전문가는 앞서 보듯 같은 상황에서 더욱 많은 대출액을 이용할 수 있다. 이렇게 대출하면 3억 원 매가의 토지를 등기 비용을 포함하여 1억 원 내외의 현금으로 투자할 수 있다. 투자금 대비 수익률은 추후 대출이자 및 경비를 제한 뒤 계산한다. 실제로 나는 9억 7500만 원의 임야를 매입하면서 10억 원의 대출을 받은 적이 있고, 토지를 매입하면서 거의 모든 자금을 은행 돈으로 운영하고 있는 사람들도 많이 있다. 이는 사고 방

식을 전환하여 이루어 낼 수 있는 일이기 때문에 해 보기도 전에 안 될 것이라고 단정해 버리는 일은 없어야 할 것이다.

컨설팅 매매도 기회가 될 수 있다

시대가 진화하고 토지 시장의 원형지 가격이 올라가면서 개발업자들은 다른 시각이 필요하게 되었다. 해서 일선 개발업자들은 매매의 기술을 하나 더 발달시켰다. 그것은 바로 컨설팅 매매라는 방식이다. 일반인들이 컨설팅 매매를 시장에서 접하게 된다면 생소하고 위험하게 여길 것이다. 하지만 이 토지 매매의 기술은 알고 보면 매도자, 매수자가 서로 좋은 전략이다.

컨설팅 매매의 기술이란 개발업자가 토지를 매입하는 것이 아니다. 공동개발 사업방식을 이용하여 개발업자 입장에서는 원형지의 값을 치르지 않고 공사비도 선 투자하지 않으며 사업을 진행할 수 있게 된다.

예컨대 도시계획심의를 거치는 사업인 단독주택과 근린생활시설을 제외한 개발행위허가를 살펴보자. 즉 공장으로의 허가를 받기 위하여 도시계획심의를 거치게 되어 있는데 예외적으로 일정 규모 이상의 공장들이 들어와 있는 곳에서는 도시계획심의를 거치지 않고 개별법으로 개발행위허가를 얻을 수 있는 기준이 있다. 이를 이용하여 개발업자들은 도시계획심의를 거치지 않는 곳의 원형지 주인들을 찾아 다닌

다. 조금 더 구체적으로 이야기하자면, 공동개발을 원하는 지주를 찾아 "당신 땅을 개발해서 원하는 땅값을 받아줄 테니 땅을 개발합시다. 개발 비용은 우리가 알아서 하겠습니다."라는 식으로 지주에게 작업이 들어간다. 이런 식의 작업이 성공적으로 이루어지면 지주와 공동개발 계약서를 작성하게 되고 추후 토지 값으로 얼마를 준다는 식의 계약이 이루어지게 되는 것이다. 그 후 토지사용승낙서를 받아 개발행위허가를 받고 가분할 도면을 가지고 부지 선 분양을 이끌어낸다.

선 분양을 하는 이유는 최초 공사비를 마련하기 위해서이다. 선 분양 부지의 매매 가격은 거의 원가 수준으로 하게 된다. 즉 토지 시장에서 이런 내용을 만나게 되면 그때는 매수 포인트가 될 수 있다. 시장의 구조가 다양화 되고 있고 개발업등록에 관한 법이 생기면서 대규모의 토지지주들도 분양을 하기 위하여 개발업등록증이 필요해졌다. 토지를 1건 당 3,000㎡ 이상 또는 1년에 1,000㎡가 넘는 규모로 개발하려면 개발업등록을 해야 하기 때문이다. 따라서 업무협약을 통한 개발을 할 수밖에 없는 상황을 개발업자들이 이용하여 이런 구조의 개발방식이 만들어지게 되었다.

만약 시장에서 "공동개발이고 컨설팅 계약을 해야 하고, 당신이 땅을 사서 당신이 공사하는 식의 계약을 하는 겁니다. 또한 최초 공사가 들어가기 전이기에 싸게 분양하는 겁니다."라는 말을 듣게 된다면 '컨설팅 매매의 방식이고 요즘 개발업자들이 쓰는 방식이니까 걱정스러운 상황이기보다 기회일 수 있겠구나.' 하는 생각을 해야 한다. 부동산에 토지를 구입하러 갔을 때 만약 이러한 내용의 브리핑을 받는다면 생소하게 여기지 말고 새로운 개발방식의 매매라고 생각하면 된다. 솔직히 현업 개발업자로서 이러한 내용을 소개한다는 것이 쉬운 일은 아니지만, 오히려 일반 수요자가 이 매매의 방식을 이해하여야만 매도와 매수에 조금 더 도움이 될 수 있을 것 같아 쉽게 되었다.

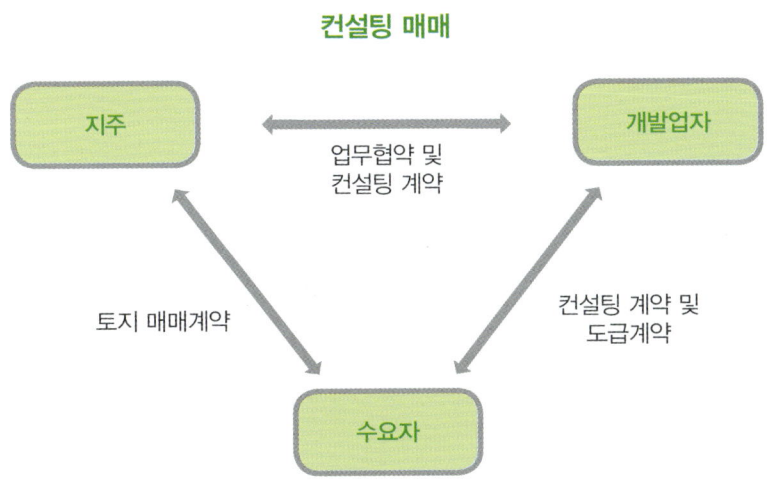

2. 비도시지역의 땅에 투자하기 전 알아야 하는 것들

1. 우리나라의 용도지역 구분하기

토지 시장을 이해하기 위해서는 토지를 용도지역 별로 구분할 줄 알아야 하고, 그 용도지역의 성격을 파악할 수 있어야 한다. 우리나라의 용도지역은 크게 도시지역과 비도시지역으로 나뉜다. 그중 비도시지역은 다시 관리지역과 농림지역, 자연환경보전지역으로 구분한다.

관리지역은 토지이용계획상 개발을 장려하는 용도지역에 해당하기 때문에, 대개 시골지역이라고 생각하면 된다. 최초에는 토지의 개발을 장려하기 위하여 관리지역으로 지정한 뒤 개발을 유도했지만, 마구잡이 식의 개발이 이루어지자 체계적인 개발을 유도하기 위하여 관리지역을 세분화했다. 그래서 지금은 관리지역을 세 가지로 구분하여 계획관리지역, 생산관리지역, 보전관리지역으로 나눈다.

또한 비도시지역에는 농림지역이 있는데 농림지역은 말 그대로 농림업의 진흥과 산림의 보전을 위하여 필요한 지역이다. 농사를 장려하기 위한 지역이라고 이해하면 된다. 이 농업진흥지역은 다시 농업진흥구역과 농업보호구역으로 구분하는데, 농업진흥구역은 농지를 집단으로 조직하여 농업 목적으로 이용하는 것이 필요한 지역이다. 농지 조성사업 또는 농업 기반 정비사업이 시행되었거나 시행 중인 지역으로서, 농업용으로 이용하거나 이용할 토지가 집단화되어 있는 곳이 이에 해당한다. 반면 농업보호구역은 농업진흥구역의 용수원 확보, 수질 보전 등 농업 환경을 보호하기 위하여 필요한 지역이다.

마지막으로 자연환경보전지역이란 자연환경·수자원·해안·생태계·상수원 및 문화재의 보전과 수산자원의 보호·육성 등을 위하여 필요한 지역을 말한다. 즉, 쉽게 다시 정리하자면 비도시지역 중 관리지역은 개발을 장려하는 곳이고 농림지역과 자연환경보전지역은 토지를 개발하는 것과는 거리가 먼 용도지역이라고 이해하면 될 것이다.

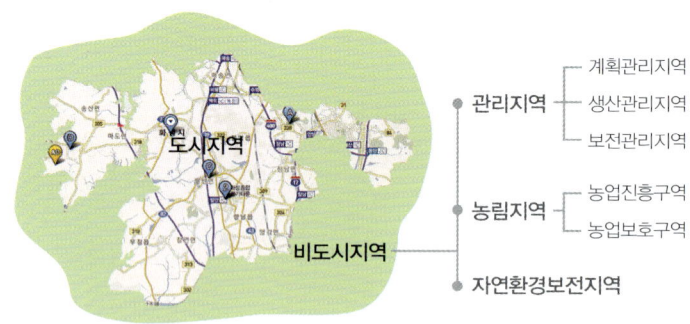

도시지역 밖의 비도시지역과 비도시지역의 세부적인 분류를 알아야 한다.

어떤 개발행위허가를 얻느냐가 토지의 값어치를 바꾼다

토지투자를 하는 많은 사람들은 실무에서 개발행위허가서를 보게 되는데 이 개발행위허가서가 무척 중요하다. 여기서 말하는 개발행위허가란 예를 들어 전, 답, 임야 등을 1차적인 목적으로 이용하는 것이 아니고 2차적인 목적, 즉 집을 짓는다든지 공장을 세운다든지 등으로 이용하는 것을 말한다.

이처럼 전, 답, 임야 등에 건물을 지으려 할 때에는 시·군·구청에 건물을 신축한다는 신청을 해야 한다. 개발행위허가 신청을 받으면 해당 기관은 건물을 지어도 괜찮을지를 판단하여 허가를 해 준다. 개발행위허가가 결정되면 시청으로부터 허가서가 나오는데, 기본적으로 이때 받는 허가서를 보면 해당 토지의 값어치를 예상할 수 있다. 농지에서 허가를 받든 임야에서 허가를 받든 개발행위허가를 얻는 것은 동일하지만 그 허가를 위해 필요한 전용비 등의 비용이 다르기 때문에, 허가를 내면서 얼마 정도의 비용이 들어갔느냐를 파악할 수 있다는 것은 이 토지의 값어치를 계산해 낼 수 있다는 말이 된다.

예를 들어 허가를 받기 전인 농지의 값이 평당 40만 원이라고 가정을 하고 비용으로 전용비가 평당 10만 원 정도 들었다고 하면, 허가를 받은 후의 시세는 평당 60만 원 정도를 호가 하게 된다.

(40만 원/평 + 전용비 10만 원/평) + α효과 → 60만 원/평

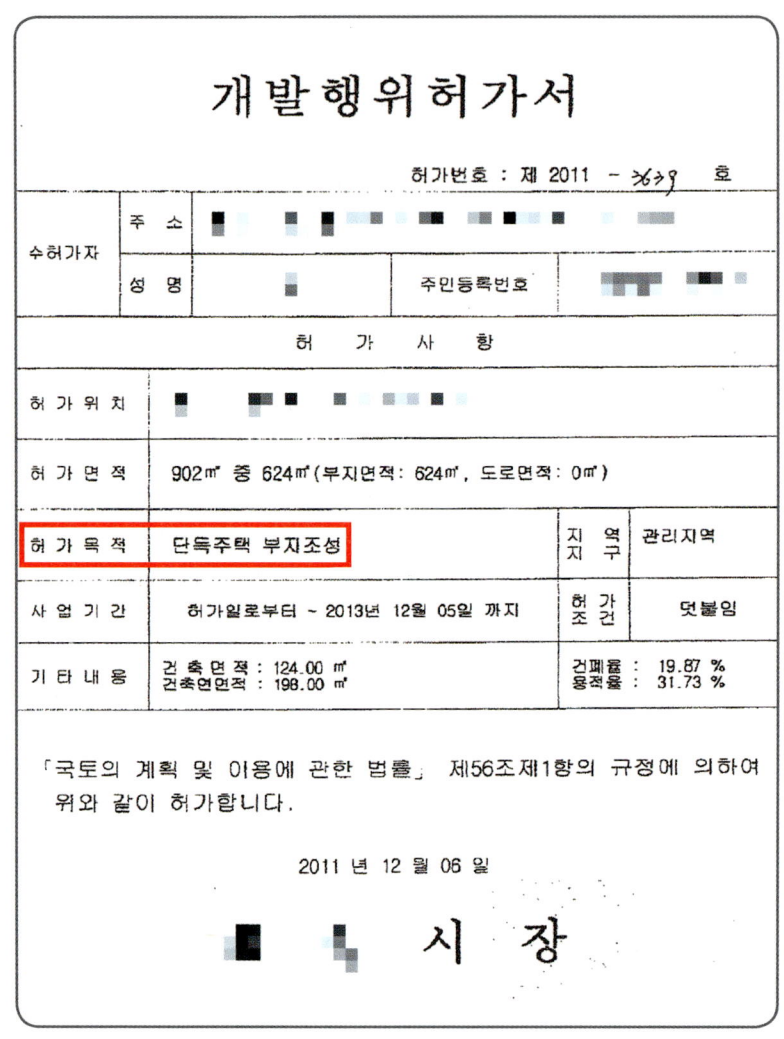

관리지역에서 단독주택 부지로 나온 개발행위허가서이다.

단순 계산해서, 평당 40만 원짜리 땅에 10만 원씩 비용이 들어갔으니 평당 50만 원이 되는 것이 아니냐고 물어보는 사람들도 있겠지만 그점에 있어 다시 한번 짚고 가자면 개발행위허가라는 것은 말 그대로 허가사항이다. 반대로 이야기하면 건물을 지을 수 없는 조건이라면 허가가 나지 않는다는 말이다. 이 말은 농지라고 해서 모두 건물을 지을 수는 없다는 말과 같다. 이렇다 보니 개발행위허가를 받은 농지의 시세에는 그 가치가 포함될 수밖에 없다.

예를 들어 개발행위허가를 얻지 않은 평당 40만 원짜리 농지와 허가를 받은 평당 60만 원짜리 농지가 있다고 가정을 하자. 이 지역은 전용비가 평당 10만 원 든다고 하면 여러분은 과연 어떤 토지를 선택할 것인가? 40만 원짜리 땅을 사서 허가를 받으면 되지 않느냐고 물어보는 사람도 있겠지만 만약 40만 원짜리 땅이 허가가 나지 않는다면 과연 이 땅을 매입하겠느냐는 말이다. 실제로 많은 땅들이 개발행위허가 조건에 부합하지 않아 허가를 받지 못하고 있는 실정이다. 그렇기 때문에 허가가 나온 토지는 일단 가치가 있다고 보아야 할 것이다.

또한 더 중요한 것은 개발행위허가가 무엇으로 나와 있느냐를 확인하는 것이다. 토지는 용도지역 별로 각기 다른 특성을 가지고 있다. 이 말은 어떤 토지에는 공장이 되는데 어떤 토지에는 공장이 안 된다는 것이다. 그러나 많은 사람들이 이를 간과하기 쉽다. 집을 짓는 허가, 즉 전원주택 허가는 세 가지로 분류된 모든 관리지역에서 가능하기 때문에 허가를 얻기 쉬운데, 그렇다 보니 공장의 허가가 나오지 않는 보전관리지역에서 매도자가 매수자의 마음을 안심시키기 위하여 이렇게 이야기하며 땅을 파는 경우도 있는 것이다. "이 땅, 허가도 받아 놓은 땅이에요."라고 하면서 말이다.

이러면 많은 사람들이 착각한다. 이 땅 위에는 집을 지을 수 있으니 공장도 지을 수 있겠다고 말이다. 하지만 현실은 그렇지 않다. 그 토지가 속한 용도지역이 어디냐에 따라 공장 허가가 가능할 수도 있고 불가능할 수도 있다. 그렇기 때문에 우리는 허가를 받은 토지를 보게 된다면 허가의 종류를 꼭 따져보아야 한다. 허가가 나온 토지를 보고 허가의 종류를 파악하는 것은 그 토지의 값어치를 판단하는 것이 되기에 반드시 확인하고 넘어가야 할 것이다.

개발행위허가를 얻은 토지는 허가기간을 확인하자

앞에서 개발행위허가의 종류가 토지의 값어치를 판단하는 수단이 될 수 있다고 말했다. 여기서 또 한 가지 확보해야 할 것이 있다. 그것은 허가 받은 날짜를 확인하는 것이다.

개발행위허가 운영지침을 보게 되면 개발행위허가의 유효는 최초 허가기간으로부터 2년이라고 명시되어 있다. 또한 1회에 한하여 1년 연장할 수 있게 되어 있다. 요즘 많은 지자체에서 허가기간이 경과한 토지에 대하여 허가를 취소시키고 있는데, 절차적으로는 개발행위허가의 기간이 만료된 토지에 한하여 청문회를 실시하고 그 청문회를 거쳐 허가내용대로 진행하지 않은 이유를 듣는다. 허가권자는 그 이유가 타당하지 않다고 판단이 되면 그 허가에 대하여 취소하고 있기 때문에,

허가증만을 믿고 토지를 거래한다면 매수자는 추후 허가권 명의변경이 불가능하다는 소식을 들을 수도 있다. 이는 또 다른 송사를 만드므로 개발행위허가를 받은 토지를 보게 되면 허가가 유효한지 반드시 확인해야 한다.

또한 허가기간 2년이 경과했다고 해서 이런 모든 토지의 개발행위허가가 취소가 되는 것이 아니고 개발행위허가 부서 담당자의 재량으로 얼마든지 결과가 바뀔 수 있는 상황이기에, 허가기간이 지난 토지를 보게 되면 시·군·구의 담당자에게 허가가 유효한지를 문의해야 한다.

토지를 매입함에 있어 개발행위허가 기간을 확인하지 않는 것은 엄청난 손실로 돌아올 수 있기 때문에 개발행위허가를 받은 토지를 매입하려 할 때에는 이 점을 명심해야 한다.

허가위치	467-4(임), 467-5(임), 467-8(임), 467-9(임)		
허가면적	1,089㎡ 중 1,089㎡(부지면적: 1,015㎡, 도로면적: 74㎡)		
허가목적	제2종근린생활시설(제조업소) 부지조성	지역지구	계획관리지역
사업기간	허가일로부터 ~ 2017. 02. 28.	허가조건	덧붙임

「국토의 계획 및 이용에 관한 법률」 제56조제1항의 규정에 따라서 위와 같이 허가합니다.

2015년 3월 6일

공장설립 승인서

[담당자: ███████]

귀하께서 2014. 12. 08. 신청한 공장설립승인 신청에 대하여 산업집적활성화 및 공장설립에 관한 법률 제13조 및 동법 시행령 제19조 제3항의 규정에 의하여 다음과 같이 승인합니다.

가. 승인사항

구분	승인사항	
회 사 명		
대 표 자 (법인,주민등록번호)		
소 재 지 (도로명)		
업 종 (분류번호)	액상시유 및 기타 낙농제품 제조업 (10501)	
공장부지면적	3,397㎡	
공장건축면적 (제조시설 / 부대시설)	2,175.97㎡ (제조시설: 1,054.57㎡ / 부대시설: 1,121.40㎡)	

나. 공장설립승인에 의하여 인·허가된 것으로 처리되는 사항 및 조건 : 붙임
 1) 국토의계획및이용에관한법률 제56조 규정에 의한 개발행위(변경)협의
    [위치: 기안동 457-33, -308번지 / 면적: 3,397㎡]
 2) 농지법 제34조 규정에 의한 농지전용협의
    [위치: 기안동 457-33, -308번지 / 면적: 3,397㎡]

다. 공장설립등의 취소사유
 1) 공장설립등의 승인을 받은 날로부터 3년(농지전용허가 또는 신고가 의제된 경우에는 2년)이 지날 때까지 공장을 착공하지 아니하는 경우
 2) 토지의 형질변경 허가 등이 취소되어 공장설립등이 불가능하게 된 경우
 3) 공장설립등의승인 및 제조시설설치승인을 받은 후 4년이 지난 날까지 법 제15조 제1항에 따른 완료신고를 하지 아니하거나, 공장착공 후 1년 이상 공사를 중단한 경우
 4) 공장설립등의 승인을 받은 부지 또는 건축물을 정당한 사유 없이 승인을 받은 내용과 다른 용도로 활용하는 경우
 5) 법 제13조 제1항의 규정에 의한 공장설립등의 승인기준에 미달하게 된 경우

2015년 5월 15일

'다'에 취소사유가 명시되어 있다.

개발행위허가서
(제1회 허가사항변경)

허가번호 : 제 2009 - ███ 호

수허가자	주 소	███████████████		
	성 명	███████	주민등록번호	███████

허 가 사 항

허가위치	███████████████		
허가면적	2,235㎡ 중 1,117㎡(부지면적: 1,117㎡, 도로면적: -㎡)		
허가목적	분뇨 및 쓰레기처리시설(고물상) 부지조성	지역 지구	생산관리지역
사업기간	허가일로부터 2010. 2. 19일까지	허가 조건	덧붙임
기타내용	건축면적 : 53 ㎡ 건축연면적 : 53 ㎡	건폐율 : 4.74 % 용적률 : 4.74 %	
당초허가내역	변경사항 : 부지감소, 수허가자 명의변경, 목적변경, 건축계획변경 당초허가번호 : 제2008-355호		

「국토의 계획 및 이용에 관한 법률」 제56조 제1항의 규정에 의하여
위와 같이 허가합니다.

2009년 8월 4일

  시

분뇨 및 쓰레기 처리시설(고물상)의 개발행위허가서이다.
허가기간이 짧은 경우도 있다.

도시계획도로에 접했다고 무조건 좋은 땅은 아니다

현재는 길이 없지만 토지이용계획원의 도시계획도로 예정만을 보고 토지에 투자한다면 그 토지를 단기에 매도하기 어려운 상황이 될 수도 있다.

내가 오랫동안 만난 많은 사람 중 대부분은 본인이 가진 땅에 대하여 상담을 원하는 사람들이었다. 그런데 상담을 하다 보면 그런 분들의 땅은 항상 비슷한 조건의 토지였다. 도로는 없는데 빨간 색으로 도시계획도로 선이 예정되어 있고 그 선 옆에 붙은 땅…….

가령 이런 식이었다.

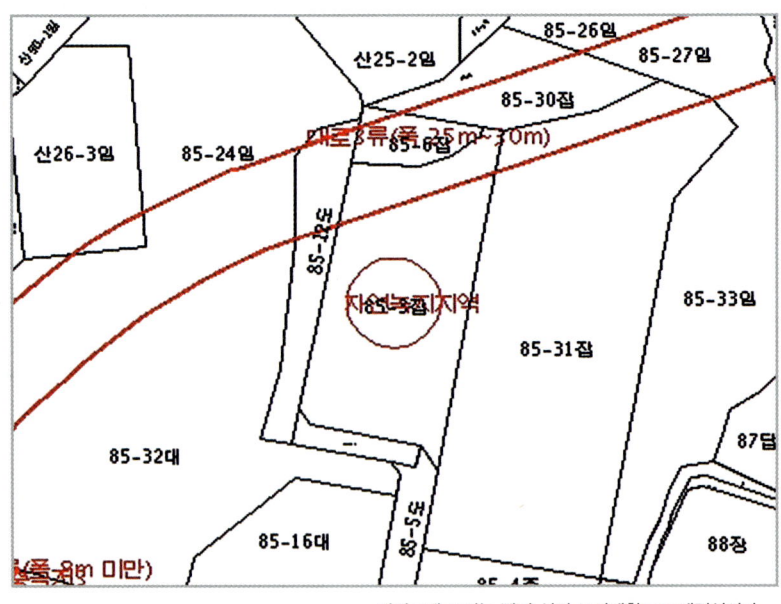

지적도에 보이는 빨간 선이 도시계획도로 예정선이다.

"이 땅 언제 얼마에 사셨는데요?"

"산 지는 한 5년 정도 되어 가고요. 도로가 난다고 하길래 평당 120만 원에 샀어요."

질문하신 분의 대답이 나를 당황스럽게 만들었다. 솔직하게 말씀드려야 하나 아니면 이미 사신 땅인데 그냥 가지고 있으시라고 말씀드려야 하나. 고심하다 조심스럽게 말을 꺼낸다.

"현재 이 땅은 길이 없습니다. 물론 도로가 예정되어 있기는 하지만 도시계획도로는 언제 개통될지 아무도 예상할 수가 없습니다. 운이 좋으면 내년에 바로 길이 뚫릴 수도 있겠지만 10년 동안 길이 나지 않았던 경우도 있습니다. 지금은 토지 시장에 장기 투자 수요가 없기 때문에 이 토지를 매매하기는 쉽지 않을 것으로 보입니다. 지금 당장 현금이 필요하지 않은 상황이면 기다리시는 편이 나을 것 같습니다."

다시 한번 말하지만 미래를 보고 투자하는 것은 장기 투자가 될 수밖에 없다. 현재 시점에서 토지를 분석하고 만들어가야 단기 투자를 할 수 있다. 예정은 말 그대로 예정에 그칠지도 모른다.

> **도시계획도로는 착공 예정일을 알 수 없다**
> 도시계획도로의 예정사항에 대해 시에 질의해봐도 정확한 대답을 들을 수 없다. 또한 도시계획도로가 왜 지정이 되었고 언제쯤 개설될 것인가를 판단하기 어렵기 때문에 도시계획도로가 예정되었다고 해서 토지의 가치가 무조건 높다고 판단해서는 안 된다.

5 건폐율의 숫자 따라 선호하는 땅이 다르다

토지에 단기로 투자하기 위해서는 실수요자에게 매도할 생각으로 투자를 해야 한다. 실수요자는 부동산 경기와 상관없이 토지를 필요로 하므로 조성이 잘 되어 있는 부지를 보면 쉽게 매입하기 때문이다. 그래서 나는 이제까지 공장을 짓거나 운영하는 사람을 대상으로 부지를 조성해 왔다. 그렇게 공장 부지를 조성하면서 건폐율이라는 것이 얼마나 큰 의미를 가지고 있는 것인지를 체감했다.

제조장이나 공장 부지를 조성할 때 자연녹지에 부지를 조성하는 것과 관리지역에 조성하는 것은 엄청난 차이를 가져 온다. 이것은 공장을 운영하는 사람의 마음을 짐작하면 금방 이해할 수 있다. 공장을 운영하는 대부분의 사람들은 공장이 필요한 것이지 마당이 필요한 것이 아니기 때문이다. 물론 건물보다 토지를 필요로 하는 업종들도 있겠지만 대부분이 토지보다 건물을 필요로 한다. 이 점은 자연녹지지역과 계획관리지역 부지에 대한 선호도를 말하는 셈이다.

자연녹지지역은 건폐율이 20%이기에 공장이 100평 필요한 사람은 부지를 500평 이상 매입해야 한다. 이에 반해 계획관리지역의 건폐율은 40%이므로 100평의 공장이 필요한 사람은 250평의 부지만 사들이면 된다.

부지가 크면 더 좋은 것이 아니냐고 물어볼 수도 있겠지만 이렇게 생각한다면 이야기가 달라진다. 예를 들어 부지의 평당 가격이 100만 원이라면 자연녹지지역에서는 5억 원이 있어야 공장 100평을 세울 수 있다.

반면, 계획관리지역에서는 2억 5000만 원만 있으면 100평의 공장을 지을 수 있는 것이다. 이는 똑같은 규모의 공장을 운영하기 위한 비용의 차이를 불러오기 때문에 실수요자는 당연히 계획관리지역을 선호하게 된다.

이렇게 건폐율의 차이에 따라 실제로 비용 차이가 발생하므로 건폐율의 규모는 그 부지의 분양성을 좌우하는 요인이 된다.

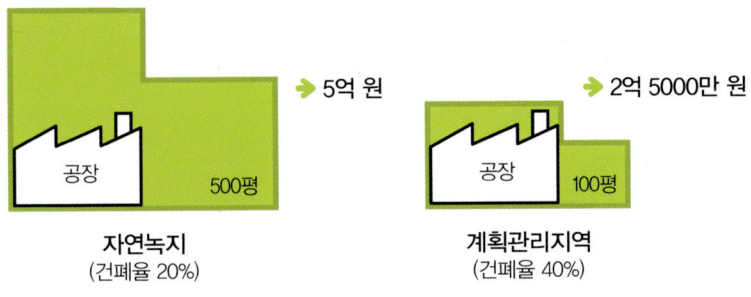

건폐율을 정하는 이유

건축물 주위에 최소한의 땅을 비워 둠으로써 채광, 통풍 등이 잘 되도록 하고 건축물들이 지나치게 집중되는 것을 막기 위해서이다. 건폐율이 용도지역 별로 달리 정해지는 이유는 도시지역의 자연녹지가 일단 주거지역, 상업지역, 공업지역으로의 수용을 전제하기 때문에 건축물의 양을 건폐율로 제한함으로써 추후에 있을 보상을 적게 하기 위해서이다.

또한 관리지역, 농림지역, 자연환경보전지역에서 계획관리지역만 40%로 건폐율을 정하고 있는 것은 비도시지역의 계획관리지역에서만 개발을 장려하고 여기에 많은 건물을 지어 개발을 하라는 의미로 받아들이면 된다.

용도지역별 건폐율

(2015년 기준)

용도지역		건폐율	용도지역		건폐율
주거지역	제1종 전용주거지역	50% 이하	공업지역	전용공업지역	70% 이하
	제2종 전용주거지역	50% 이하		일반공업지역	70% 이하
	제1종 일반주거지역	60% 이하		준공업지역	70% 이하
	제2종 일반주거지역	60% 이하	녹지지역	보전녹지지역	20% 이하
	제3종 일반주거지역	50% 이하		생산녹지지역	20% 이하
	준주거지역	70% 이하		자연녹지지역	20% 이하
상업지역	중심상업지역	90% 이하	관리지역	계획관리지역	40% 이하
	일반상업지역	80% 이하		생산관리지역	20% 이하
	근린상업지역	70% 이하		보전관리지역	20% 이하
	유통상업지역	80% 이하	농림지역	농림지역	20% 이하
			자연환경보전지역	자연환경보전지역	20% 이하

6 관리지역의 성격을 파악하는 방법

토지에 투자를 하는 사람들은 보통 관리지역에서 토지투자를 한다. 그렇다면 관리지역의 성격을 파악하고 있어야 한다.

토지이용계획확인원을 열람해 보면 어떤 토지는 행위 가능한 건축물이 열거되어 있고 어떤 토지는 행위 불가능한 건축물이 열거되어 있는

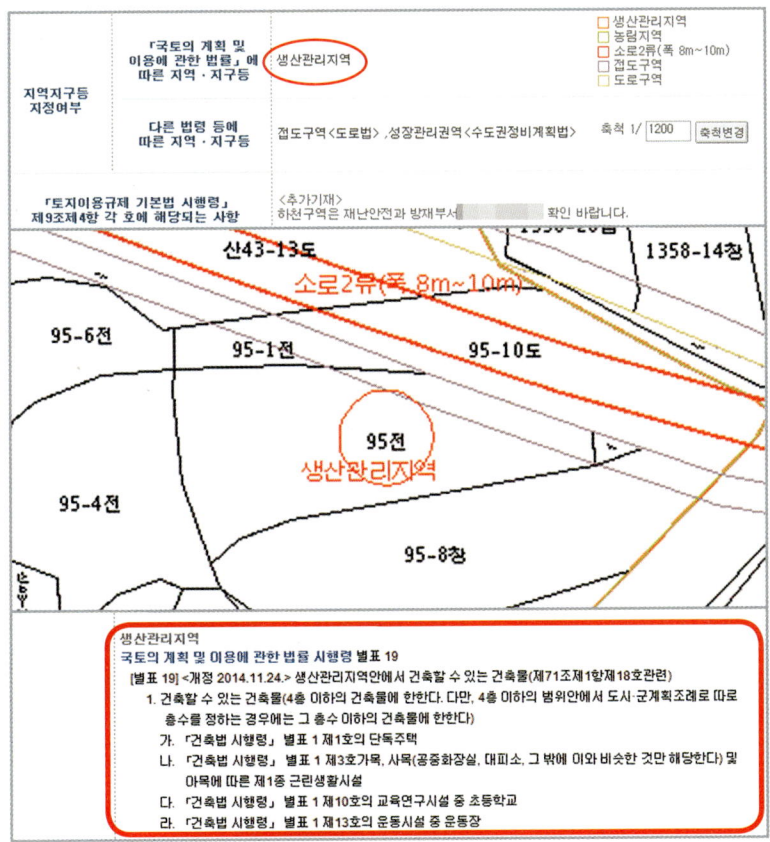

토지이용계획원 하단에 관리지역의 구분에 따라 건축물이 열거되어 있다.

1부 비도시지역에서 수익 올리기 **45**

것을 볼 수 있다. 이를 조금 더 분석해 보면 관리지역 중에서 어떤 지역에 투자해야 하는 것인지 가늠할 수 있다.

관리지역 중 생산관리지역이나 보전관리지역에서는 가능한 건축물을 positive방식으로 열거한다. 다시 말해서 생산관리지역과 보전관리지역에서는 다른 것들은 다 안 되고 이것만 된다는 것이어서, 다양한 건축물을 세울 수 없도록 제한이 심하다는 뜻이 될 것이다. 반대로 계획

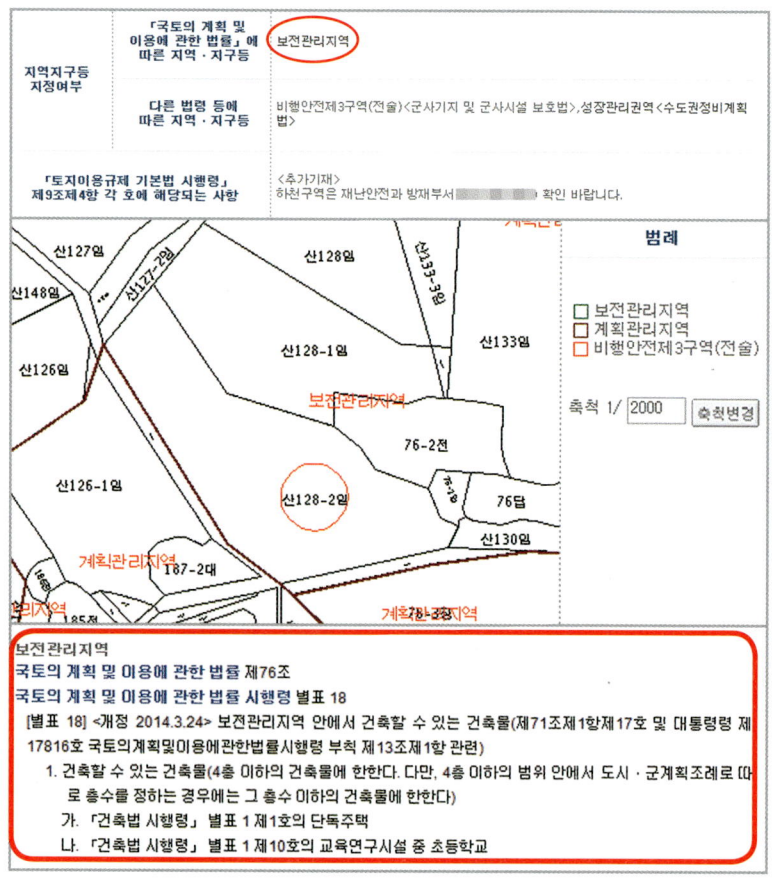

보전관리지역은 건축 가능한 건물이 토지이용계획원에 표기된다.

관리지역에서는 negative방식을 사용한다. 쉽게 말해서, 다양한 건축물을 지을 수 있는데 여기에 적힌 것만 안 된다는 것이다.

이렇게 관리지역의 성격을 파악하면 단기 투자를 위하여 어느 지역을 선택해야 하는지 알 수 있을 것이다.

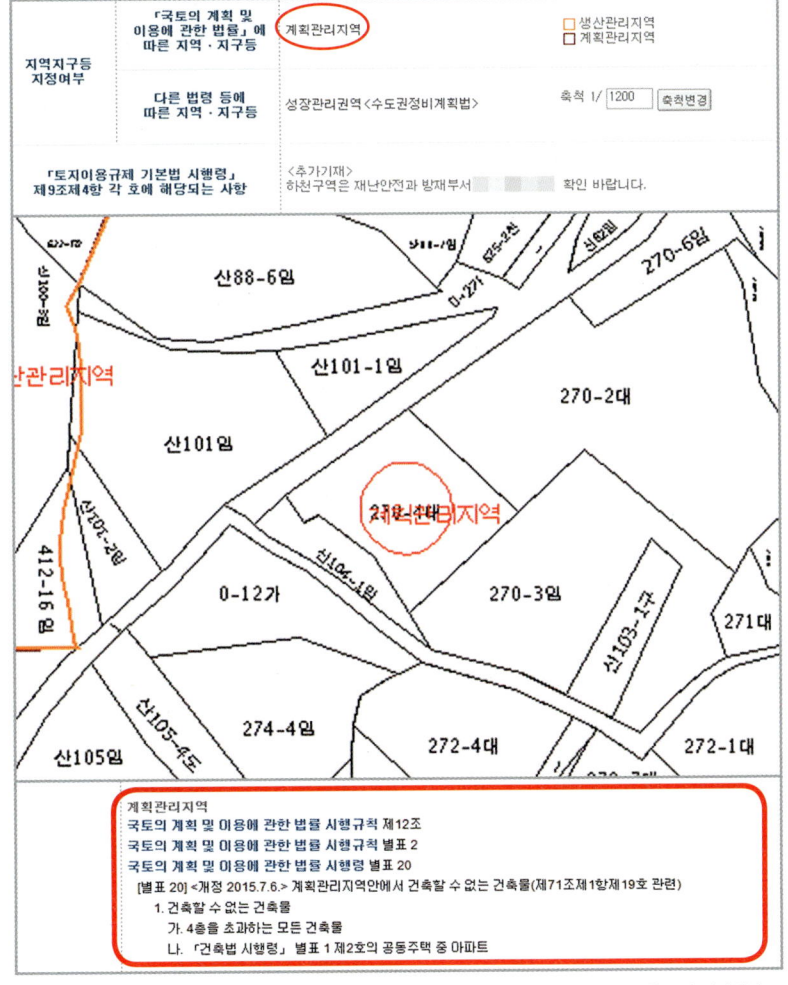

계획관리지역 토지이용계획원에는 불가능한 건축물이 열거된다.

> **관리지역의 세분화**
>
> 가. 보전관리지역
> 자연환경 보호, 산림 보호, 수질오염 방지, 녹지공간 확보 및 생태계 보전 등을 위하여 보전이 필요하나, 주변 용도지역과의 관계 등을 고려할 때 자연환경보전지역으로 지정하여 관리하기가 곤란한 지역
>
> 나. 생산관리지역
> 농업·임업·어업 생산 등을 위하여 관리가 필요하나, 주변 용도지역과의 관계 등을 고려할 때 농림지역으로 지정하여 관리하기가 곤란한 지역
>
> 다. 계획관리지역
> 도시지역으로의 편입이 예상되는 지역이나 자연환경을 고려하여 제한적인 이용·개발을 하려는 지역으로서 계획적·체계적인 관리가 필요한 지역

지목을 보고 개발 비용을 짐작하자

사람들이 토지를 매입하여 개발하는 것을 어렵다고 생각하는 이유는 아마도 이 토지를 사들일 때 과연 얼마 정도의 개발 비용이 들어갈지를 짐작할 수 없기 때문일 것이다. 이 점을 반대로 이야기하면 사람들이 토지를 매입하면서 개발 비용을 예상할 수 있다면 쉽게 매입할 수 있다는 것이다. 나는 개발업자로 오랫동안 토지를 매입하면서 토지의 지목만 보아도 개발 비용을 짐작할 수 있게 되었다.

개발행위허가라는 것은 이 땅에 건물을 짓고 싶다고 신청하는 것이라고 했다. 이때 본래 지목이 무엇인지에 따라 개발행위허가 비용이 정해져 있다. 예를 들어 전, 답, 과수원과 같은 농지에 건물을 신축하겠다고 할 때에는 농지보전분담금이라는 세금을 납부해야 하고, 지목이 임야라면 대체산림자원조성비라는 세금을 납부해야 한다. 농지보전분담금은 평당 공시지가의 30%를 평수에 곱하여 나오는 세금이고 대체산림자원조성비는 평당 약 1만 원 정도로 측정되는 세금이다. 토지이용계획확인원을 통하여 해당 토지의 지목을 보면 건물을 지으려 할 때 대략 얼마 정도의 비용이 들어갈지를 파악할 수 있다.

 현장 상황에 맞는 공사가 토지의 쓰임새를 늘린다

토지를 매입할 경우, 그 토지의 용도를 파악하여 어떻게 개발할 것인지를 정하고 공사 비용으로 얼마 정도의 투자가 필요할지를 예상해야 한다. 그러나 토목공사는 정해져 있는 것이 아니다. 현장에 맞는 공사를 해야 한다.

예를 들어 2차선 도로변에 3000평 정도의 규모의 토지가 있다고 가정을 하자. 이 토지는 도로조건이 굉장히 좋고 인근에 나들목이 있어 접근성이 아주 훌륭하며 또한 주변에 공장들이 밀집해 있어 부지를 조성하기에 아주 좋은 입지를 가졌다. 다만 본 부지가 도로 밑으로 10m 이상

꺼져 있는 상태라고 한다면 여러분은 어떻게 부지를 조성할 것인가?
나는 부지를 매입하기 전에 공사업자와 함께 현장을 자주 가곤 했는데 토목공사의 견적을 보기 위함이었다. 내가 처음 개발을 하던 시절에는 개발할 수 있는 모든 땅들은 도로를 기준으로 평평하게 공사를 해야 한다고 생각했다. 그래서 이런 땅을 보게 되면 도로를 기준으로 공사비를 산정했고, 꺼져 있는 토지를 보면 항상 "이 땅, 도로에 맞추려면 흙이 얼마나 들어가야 하지요? 또 필요한 구조물량은 어떻게 되나요?"라는 질문을 했다. 그때마다 예상보다 많은 엄청난 공사 비용이 산출되었기에 그런 토지는 자주 매입을 포기하곤 했다.

그런데 시간이 지나 길을 지나가다 보면 이전에 매입하지 않은 토지에 공장단지가 조성이 되어 있는 것이 아닌가? 그때 본 공장단지의 모습은 도로와 평평하게 맞추어 부지를 조성하지 않았다. 도로에 비해

도로보다 낮게 조성된 부지에 공장들이 입주해 있다.

10m 낮은 토지까지 내리막 길을 조성하여 도로 저 밑에 부지를 조성했던 것이다.

도로와 지면의 높이를 맞추지 않고 부지를 조성했음에도 불구하고 이미 업체들이 입주해 있었다.

나는 그 토지가 원형지일 때 그곳에 도로보다 꺼져 있는 부지를 조성할 것이라고는 생각하지 못했다. 그러나 그때 그 모습을 보면서 토지를 개발한다는 것은 유연한 사고 방식이 필요한 일이라는 것을 알게 되었다.

3 토지 용도 쉽게 예측하는 방법, 위성사진을 통하여 현장을 파악하라

토지를 온라인으로 먼저 분석한다

인터넷의 발달로 토지를 사무실에서 미리 분석할 수 있게 되었다. 예전에는 토지가 나왔다고 하면 바로 현장으로 달려 가곤 했지만 이제는 사무실에서 1차적으로 검토한 뒤 땅이 괜찮다는 판단이 들 때 비로소 현장으로 간다.

온라인으로 확인하는 항목은 다음과 같다.

1. 토지이용계획확인원을 열람한다.
2. 그 위성사진을 보며 현장 상황을 분석한다.
3. 로드뷰를 통하여 건축법상 도로와 배수로에 대한 판단을 한다.

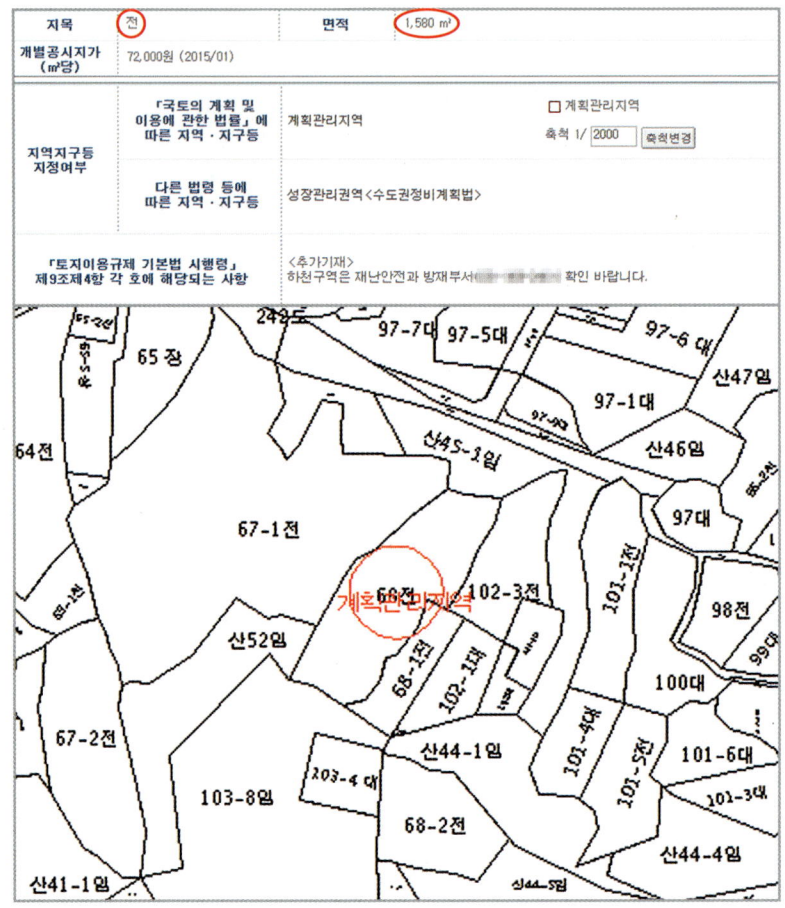

위 서류가 토지이용계획확인원이라는 서류이다. 토지이용계획확인원을 검토할 때에는 먼저 지목을 보고 개발행위허가에 있어 어떠한 인허가의 종류가 이루어질 것인지를 예상해야 한다. 그 다음으로는 면적을 살펴야 한다. 면적을 보면 ㎡로 표시되기 때문에 머리 속으로 대충 가로×세로를 어림잡아 보면서 토지의 규모를 상상해 보아야 하며 해당 면적이 도시계획심의 및 개발업등록 규모에 해당하는지, 그리고 개발부담금 대상 면적인지를 파악한다. 지목과 면적에 따른 내용을 검토한 다음에는 공시지가를 확인하여 인허가 비용을 예측할 수 있어야 한다. 이렇게 필요한 인허가 종류와 비용, 허가의 규모에 대하여 파악했다면 이번에는 해당 토지가 개발이 가능한 토지인지를 확인도면을 이용해 분석해야 한다. 개발행위허가의 조건은 두 가지가 있는데, 바로 건축법상 도로와 배수로이다. 즉 확인도면을 검토하며 건축법상 도로와 배수로를 찾아, 개발행위허가가 가능한 토지인지를 알아내야만 한다. 이 과정에서 개발이 가능하지 않은 조건이라고 판단되는 땅은 단기차익을 거두기 힘들다.

인허가 비용과 인허가의 여부를 파악했다면 용도지역 및 해당 토지에 걸려 있는 행위제한을 검토한다. 이것을 검토하는 이유는 매입하려는 토지에 어떠한 건축물이 어느 정도의 규모로 지어질 수 있는지를 파악하기 위함이다. 앞서 말한 과정들이 모두 이루어졌을 때 해당 토지에 대한 개발사업 여부를 선택하게 된다.

> **행위제한**
> 「토지이용규제 기본법」에 의하여 토지이용행위 등을 제한하는 것을 말한다. 우리나라는 법령에 따라 지역·지구 등을 지정하고 있고, 지역·지구 등에서도 가능 또는 불가능한 사항을 명시하고 있다.

② 토지 매입 전에 사업성을 판단하자

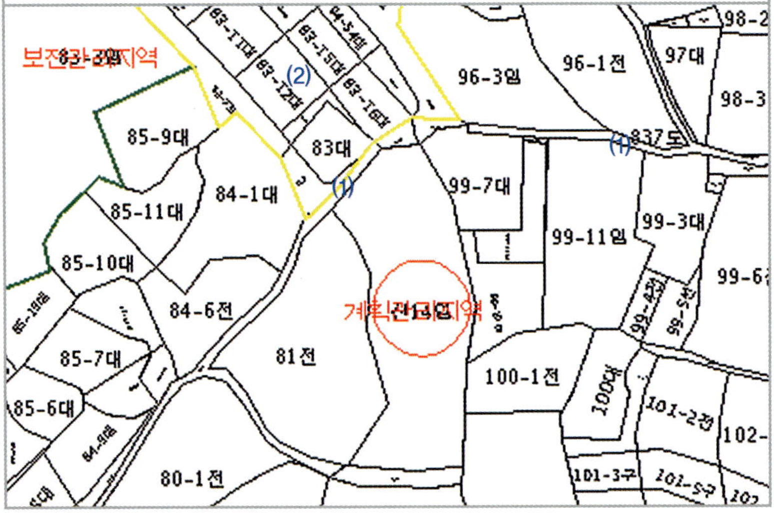

지목이 임야, 즉 산이다. 면적을 보면 2,678㎡로 약 800평 정도 된다. 그런데 인근 지목을 살펴보면 농지와 주택 부지들이 모여 있어서 상식적으로 생각할 때 이 토지는 산의 모습이 아닐 확률이 높다. 왜냐하면

800평 정도의 산이 논, 밭 한가운데나 주택들이 모여 있는 곳에 있을 것이라고 생각되지 않기 때문이다. 이 토지는 산의 모습이 아닐 것이기에 남쪽을 보고 집을 지을 수도 있겠다는 생각을 할 수 있다.

그렇다면 이 토지의 개발행위허가를 받기 위해서는 비용이 얼마나 들까? 지목이 임야이기에 개발행위허가를 얻으려면 산지전용 및 개발행위허가를 받아야 하므로 인허가 비용은 대체산림자원조성비와 토목설계비가 될 것이다. 이렇게 되면 그 비용으로 평당 2만 원 정도가 든다.

> 800평 × 2만 원 = 1600만 원

즉 이 토지에는 1600만 원의 인허가 비용이 들어갈 것이다. 개발 비용 면에서 보자면 임야를 개발하는 경우가 농지를 개발할 때보다 인허가비용이 매우 저렴하기 때문에 개발업자들은 임야를 농지보다 더 선호한다.

이제 개발행위허가를 얻을 수 있는 조건이 되는지를 건축법상 도로와 배수로로 판단해 보자. 이 토지 위쪽으로 지적상 도로(1)가 있는 것으로 보이며 다만, 그 길의 폭이 자동차와 사람이 다닐 수 있는지 여부는 현장을 확인해야 한다. 또한 배수로 조건의 경우, 구거 부지는 나타나 있지 않지만 인근에 대지(2)가 많이 있는 것을 감안할 때 현황배수로가 있을 것이라고 짐작할 수 있다. 다시 말해서 토지이용계획원을 검토했을 때 이 토지는 개발행위허가를 받을 수 있는 조건을 가지고 있다는 판단이 선다.

이제 위성사진을 통해 이 토지가 어떤 용도를 가지고 있는지 살펴보자.

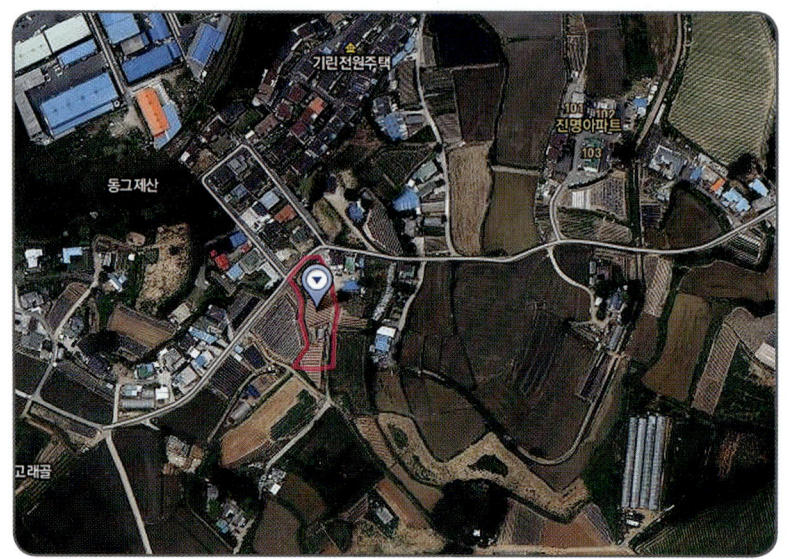

토지 주변으로 도로와 주택이 보인다.

위성사진을 보면 토지 위쪽으로 주택이 다수 있는 것을 확인할 수 있으며 지목이 임야이지만 위성사진으로 볼 때 농지로 이용 중인 것을 알 수 있다. 또한 이 토지는 마을 안쪽에 위치하고 있어 접근성이나 도로 조건으로 볼 때 공장 부지의 입지는 아니다. 토지 모양이 길쭉하니 진입로를 만들어 여러 필지로 분할을 하면 모양이 좋아질 것 같다. 즉 이 토지를 주택 부지로 조성하여 분양을 할 수도 있겠다는 생각이 든다.

하지만 주택 부지로 분양하는 것은 주변 환경을 판단하여 매우 까다롭게 검토하는 편이다. 왜냐하면 예전에는 주택 부지를 분양할 때 토지에 대한 수요가 많아 부지 조성만 잘한다면 그리 어렵지 않게 분양을 하곤 했었는데, 최근에는 토지에 대한 장기 투자가 점점 사라지면서 토지의 수요가 투자가 아닌 실수요 위주로 변해가고 있기 때문이다.

실수요자가 주택 부지를 매입하는 것이라면 사람들은 어떤 부지를 전원주택 부지로 생각하고 있을까? 그렇다. 뒤에는 산이 있고 앞에는 물이 흐르는 등, 아늑한 곳을 전원주택 부지로 생각하는 사람들이 많다. 따라서 이 토지를 주택 부지로 판단할 수는 있겠지만 분양성 면에서 아주 좋은 위치를 가진 토지라고는 할 수 없을 것이다.

그렇다면 이제 로드뷰를 통하여 현장의 모습을 조금 더 자세히 보도록 하자.

아래 로드뷰를 보면 이 토지는 예상했던 대로 산의 모습이 아니며 농지로 이용되고 있다. 도로는 마을 안쪽에 있기에 폭이 크지 않을 것이라고 생각했는데 예상과는 달리 진입로가 넓다. 주변에 집도 많아 보이기에 인근에 마을이 형성되어 있으리라고 짐작되며, 토지에 경사가 있기에 토목공사도 내리막으로 단을 주어 4개의 필지로 만드는 방향

로드뷰를 보면 토지 주변으로 도로와 주택이 있는 것을 알 수 있다.

으로 하면 될 것 같다.

다만 쉽게 분양이 될 것이라고는 아직 판단할 수 없다. 이렇게 애매한 상황일 때 매입 여부를 결정할 만한 기준이 되는 것이 있는데, 바로 이 토지의 매입가격이다. 이 토지의 매입가격 및 인허가 비용, 대출 비용, 토목공사 비용, 단기차익에 대한 양도세까지 감안하여 예상 매도가격을 정하고 현금 대비 수익률이 어느 정도 발생할 수 있을 것인지 사업계획서를 작성해 본다. 이 사업계획서가 타당하다는 판단이 들면 그때 해당 토지의 매입을 고려해 봐야 할 것이다.

그렇다면 사업계획서를 작성해 보자. 토지 매입 전 필자가 하는 것처럼 항상 사업계획서를 쓰고 검토하면 해당 토지를 매입할 것인지 말 것인지를 쉽게 판단할 수 있게 된다. 토지를 매입하기 전에 이렇게 사업계획서를 작성하기 위해 땅을 여러 방면에서 살피고 정리하면 그 토지의 투자가치를 짐작할 수 있다.

다만 이렇게 사업계획서는 사업성을 예측하는 수단일 뿐이고, 실무에서는 예상하지 못했던 일이 생기기도 하기 때문에 참고자료로만 사용해야 할 것이다. 예를 들면 예비하지 못한 민원이 토목공사 중에 발생할 수도 있고 매도가격을 평당 100만 원으로 예상했지만 실제로는 90만 원이 될 수도 있으며, 예상했던 대출금액이 다 나오지 않을 수도 있기 때문이다. 사업계획서의 내용은 항상 변할 수밖에 없지만 사업계획서를 작성하는 방식을 보여주는 것은 토지 매입 전 그 토지의 사업성을 예상해 보자는 취지에서이다.

사업계획서

- 법인으로 매입, 약 800평
- 매입가격 평당 60만 원, 부지 조성 후 예상 매도가격 평당 100만 원

1. 토지 매입 비용 및 인허가 비용
토지 매입가격 : 약 800평 × 60만 원 = 4억 8000만 원
인허가 (토목 설계비 포함): 약 1600만 원
취·등록세: 4억 8000만 원 × 약 5.2%(법무사수수료 포함) = 약 2500만 원
총   5억 2100만 원(평당 약 65만 원)

2. 대출 비용
예상 대출액: 2억 3000만 원
대출금리 약 5% 예상, 1년치 대출이자: 1150만 원

3. 토지 매입 후 개발 비용
토목공사 (공사업자와 현장 확인 후 견적을 받아 본다. 여기서는 평당 10만 원 가정)
: 800평 × 10만 원 = 8000만 원

4. 예상 현금 비용
토지 매입 및 인허가 5억 2100만 원 − 대출액 2억 3000만 원 + 1년치 대출이자 1150만 원 + 토목공사 8000만 원= 총 3억 8250만 원

5. 수익 계산
(1) 1년 후 예상 매도가격: 평당 100만 원, 총 8억 원
(2) 법인세 과표
매도가격 8억 원 − 매입가격 4억 8000만 원 − 인허가 1600만 원 − 취·등록세 2500만 원 − 토목공사 8000만 원 − 1년치 대출이자 1150만 원 = 과표금액 1억 8750만 원
(3) 법인세: 1억 8750만 원 × 10% = 약 1800만 원
(4) 수익
매도가격 8억 원 − 매입가격 4억 8000만 원 − 인허가 1600만 원 − 취·등록세 2500만 원 − 토목공사 8000만 원 − 1년치 대출이자 1150만 원 − 법인세 1800만 원 = 1억 6950만 원

- 현금 3억 8250만 원 대비 1년치 예상 수익률: 약 44.3%

주택 분양이 잘 될 것 같은 토지

지목	전	면적	1,833 m² (약 550평)
개별공시지가 (m²당)	86,800원 (2015/01)		
지역지구등 지정여부	「국토의 계획 및 이용에 관한 법률」에 따른 지역·지구등	계획관리지역	계획관리지역 축척 1/ 500 축척변경
	다른 법령 등에 따른 지역·지구등	성장관리권역<수도권정비계획법>	
「토지이용규제 기본법 시행령」 제9조제4항 각 호에 해당되는 사항	<추가기재> 하천구역은 재난안전과 방재부서(███████) 확인 바랍니다.		

[지적도: 709-1전 계획관리지역, 708전, 709대(2), 713전, 1084-5도(1), 1094도(3), 721-2전]

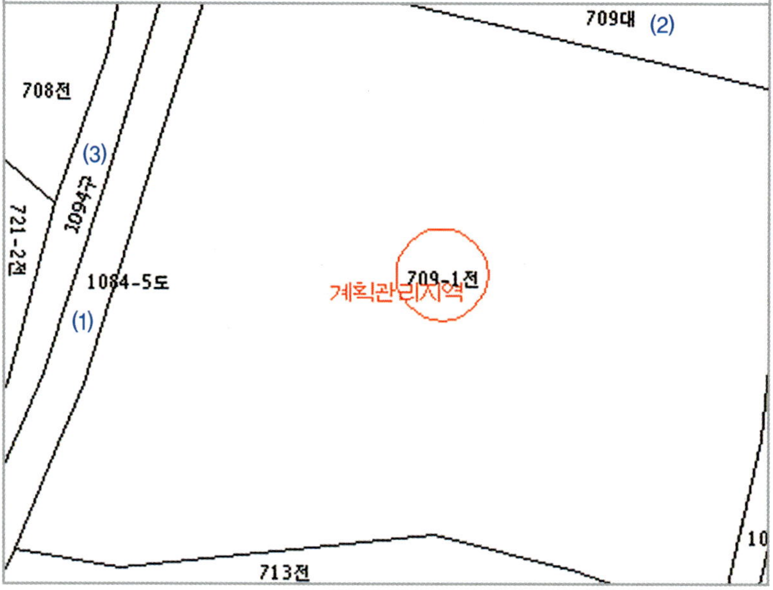

위 서류를 보면 지목이 전이기 때문에 이 토지의 지면이 도로와 같은 높이일 것이라고 추측할 수 있다. 축척을 1/500로 본 이유는 왼쪽에 보이는 길다란 선(1)과 (3)의 지목을 확인하기 위해서이다. 면적은

1,833㎡로 약 550평 정도의 땅이다.

지목이 농지인 토지는 개발행위허가를 받는데 있어서 농지전용 및 개발행위허가를 받아야 하기에 세금으로 농지전용분담금을 납부해야 한다. 그 금액은 평당 공시지가의 30%를 평수에 곱하여 내게 되어 있다.

> 8만 6800원 × 3.3㎡ × 30% × 550평 = 약 4700만 원

농지전용분담금으로 약 4700만 원의 전용비가 들어갈 것이라고 예상할 수 있다. 그리고 토목설계비는 평당 약 1만 원 정도의 용역비를 받기 때문에 550만 원 정도가 발생하게 된다. 그래서 이 토지의 개발행위허가를 받는 데 드는 비용은 약 5300만 원 정도 발생할 것이다.

이제 개발행위허가가 가능한지를 판단해야 하는데 먼저 건축법상 도로가 있는지 확인해 보자. 이 토지 왼쪽으로 도로(1)라는 필지가 눈에 띌 것이다. 또한 토지 위쪽으로 대지(2)가 보이는데, 이 대지 위에 집이 있을 것이다. 그 집을 짓기 위하여 이미 개발행위허가를 받았을 것이고, 그러려면 (1)은 실제로도 도로로 사용되고 있을 것이다. 따라서 왼쪽에 보이는 도로는 건축법상 도로일 것이라고 추측할 수 있다.

그렇다면 다음으로 배수로를 확인해야 한다. 도로 필지 옆으로 구거 부지(3)가 보인다. 현황상 구거의 모습을 하고 있을지는 이 서류만으로는 알 수 없다. 그러나 이 구거 부지 위쪽에 대지(2)가 있는 것을 감안하면 이 토지는 도로 조건처럼 배수로 조건도 만족할 것이라고 짐작할 수 있다.

이제 이 토지를 어떤 용도로 사용할 수 있을지 판단해 보자.

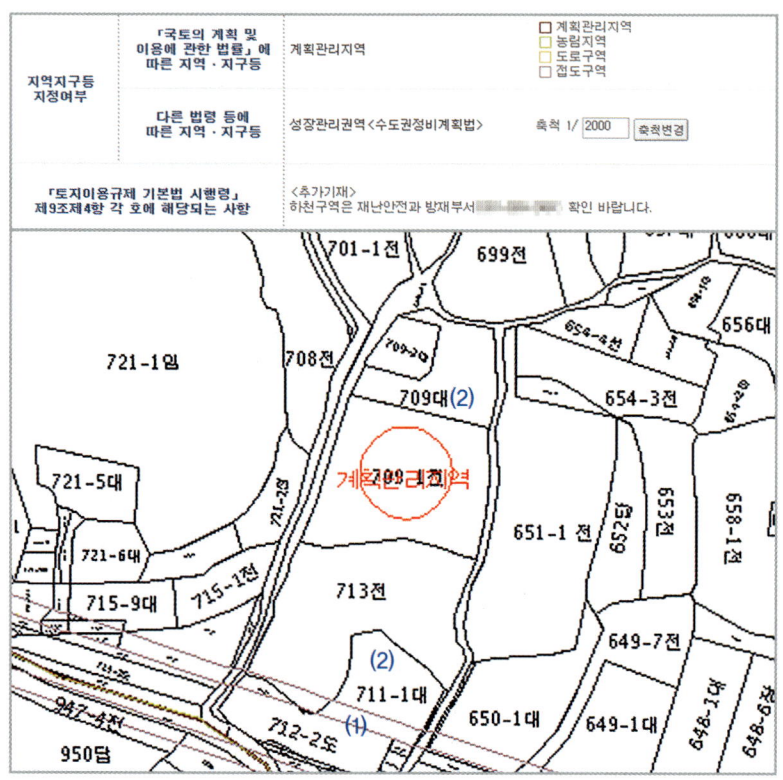

축적을 키워 주변 지역을 살펴보면 토지 아래쪽으로 접도구역선(1)이 표시되어 있다. 접도구역선은 2차선 이상의 도로에서 볼 수 있기 때문에 아래 있는 도로가 큰 도로일 것이다. 큰 도로에서 토지까지 멀지 않고 도로 조건만 훌륭하다면 이 토지를 공장 부지로서 고려해 볼 수 있다. 또 한편으로는 위쪽에 집이 있을 것으로 보이므로 주택 부지로 생각해 볼 수 있다. 만약 주택 부지로 사용한다면 집을 정남향을 바라보도록 지을 수 있을 것이다. 계획관리지역의 네모반듯하게 생긴 땅이

위성사진을 살펴보면 실제 이용환경을 알 수 있다.

기에 필지의 가운데로 길을 만들어 4등분을 한 뒤 주택 부지로 분양을 하여도 괜찮을 것 같다.

위성사진을 보면 토지 주변에 조그마한 마을(1)이 형성되어 있어서 이 토지를 공장 부지로 조성하기보다 주택 부지로 조성하는 것이 더 나을 것이다. 또한 아래 길이 2차선 도로(2)임을 확인할 수 있다.

살펴본 내용들을 토대로 이 토지의 용도를 생각해 본다면 다음과 같다.

> 1. 2차선 도로에서 멀리 떨어져 있지 않다.
> 2. 위쪽으로 마을이 형성되어 있다.
> 3. 계획관리지역으로 건폐율이 40%이다.
> 4. 땅 모양이 네모반듯하므로 가운데 길을 만들어 4등분한 뒤 주택 부지를 조성할 수 있을 것이다.

따라서 이 토지는 주택 부지로 개발하여 분양을 하면 좋은 토지라고 말할 수 있을 것이다.

이제 공사량을 가늠해 보자. 토목공사는 크게 성토, 절토, 구조물 공사 과정으로 이루어진다. 성토는 토지의 지면을 높이기 위해 흙을 쌓는 일이다. 반면 절토는 토지의 흙을 덜어내어 지면을 낮추는 일로, 성토와 절토 모두 지면을 고르게 만드는 과정이다. 구조물 공사는 토지에 배수로 관을 묻거나 옹벽, 축대를 쌓는 등의 토목공사이다.

다음은 이 토지의 현장 사진을 검토해 보자. 실제로 땅이 어떻게 이용되고 있는지와 도로 조건을 살펴보아야 할 것이다. 왼쪽으로 보이는

절토 공사를 하고 있다.

도로와 토지의 지면이 평평한 편이다.

밭이 해당 토지이다. 토지에서 저 멀리 2차선 도로가 보이고, 들어오는 진입로의 모습도 확인할 수 있다. 현황 상태를 볼 때 필요한 성토나 절토 양이 그리 많지 않을 것으로 보이며 현 상태 그대로 부지를 조성하면 될 것 같다. 성토나 절토 양이 없기에 필요한 구조물 양도 거의 없을 것이고, 토목공사가 주로 성토와 절토 및 구조물 공사라고 했을 때 이 토지는 작업할 공사량이 거의 없어 보인다. 또한 주택 부지로의 개발이고 2차선 도로에서 그리 멀지 않은 곳이기에 민원의 요소도 거의 없을 것 같다. 따라서 이 토지는 개발행위허가 비용을 제외하고 최소한의 개발 비용을 들여 주택 부지를 조성할 수 있을 것이라고 판단된다. 이렇게 주택 분양의 용도에 적합해 보이는 토지는 매입 시세만 적당하다면 적극적으로 매입을 검토해야 할 것이다.

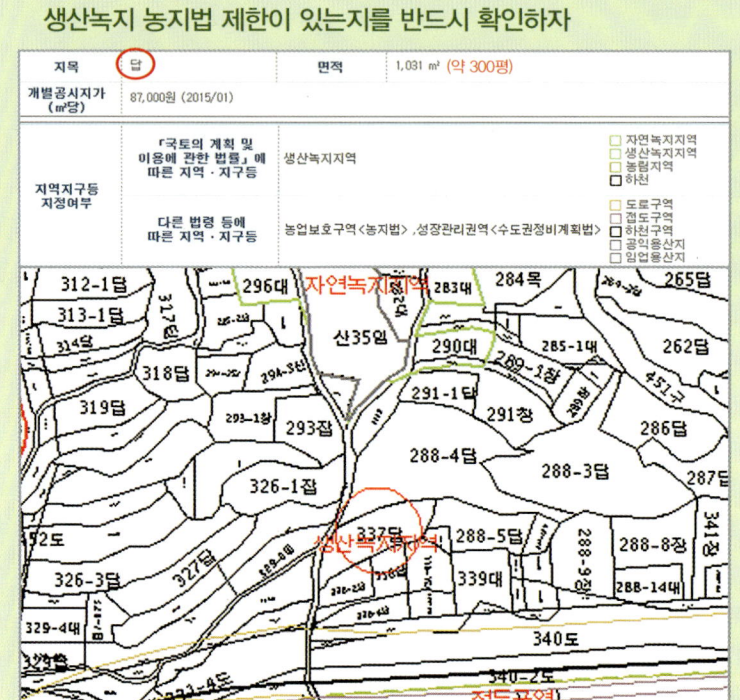

지목을 보면 답, 즉 논이다. 일단 지목이 답이기에 도로보다는 지면이 조금 꺼져 있을 것이라는 생각이 든다. 면적을 보면 1,031㎡로 약 300평 정도이다. 용도지역은 생산녹지지역이어서 도시지역에 속하는 땅이며 미래 가치가 훌륭한 토지이다. 다만 생산녹지를 볼 때에는 농지법 제한이 있는지를 꼭 확인해야 한다. 생산녹지지역 중 농업보호구역에 해당하면 건물의 신축이 제한적으로 가능하다. 그렇다면 이 토지는 도시지역이어서 미래가치를 가지면서도 현 시점에도 토지를 이용할 수 있는 상황이 된다.

답(논)의 특징

물을 대고 농사를 지어야 하는 땅이기에 도로보다 토지가 낮은 편이다.

전(밭)의 특징
1. 농지이지만 보통 물을 받을 필요가 없기에 도로와 지면의 높이가 같다.
2. 성토나 절토가 거의 필요하지 않아 구조물 공사량도 미미하다.

 용도지역과 용도지구가 동시에 설정된 토지

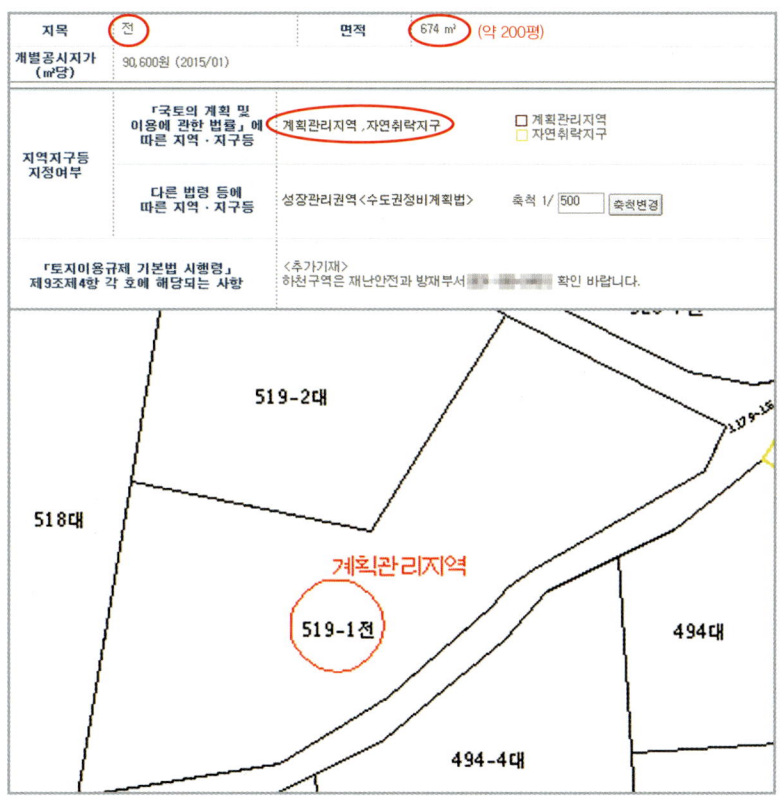

지목을 보면 전이다. 지목으로 현장을 예상할 수 있는 것은 이 토지가 도로와 높이가 같으리라는 것이다. 다음으로 면적을 보면 674㎡로 약 200평 규모이다. 면적이 10,000㎡ 이하이므로 개발업등록증이 필요 없는 규모이기 때문에 개발하는 데 그리 어렵지 않을 것이라고 판단된다. 또한 계획관리지역이어서 비도시지역의 토지인데, 개발부담금 대상면적 1,650㎡미만의 토지이므로 건물을 지어 판매한다 해도 이 세금에 대한 부담은 없을 것이다.

특이한 점은 용도지역과 용도지구가 모두 공존하는 토지라는 것이다. 용도지역과 용도지구가 동시에 설정되어 있을 때는 용도지구에서의 건폐율이 적용된다. 자연취락지구에서의 건폐율은 지자체마다 다르긴 하지만 대개 계획관리지역의 건폐율보다 높기 때문에 토지의 활용 면에서 가치 또한 크다.

그렇다면 이 토지의 개발행위허가가 가능한지 검토하고 인허가 비용

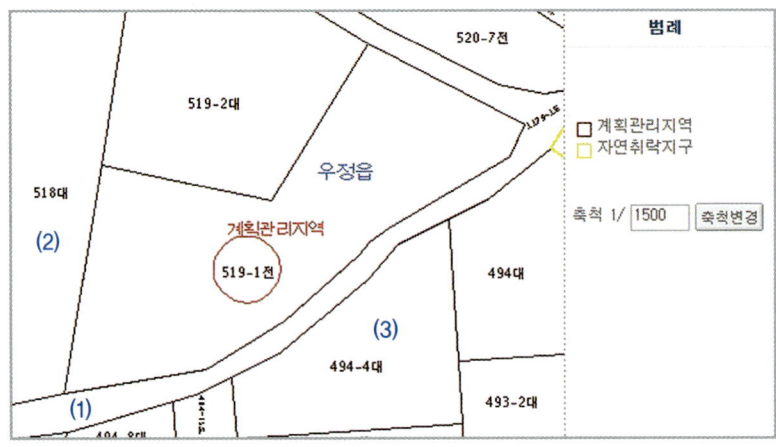

을 예상해 보기 위하여 축적을 높여 건축법상 도로 기준부터 살펴보자. 지적상 토지 아래쪽에 기다란 선(1)이 도로라는 것을 알 수 있다. 다만 현장을 확인하여 자동차와 사람이 지나갈 수 있는 진입로 폭이 확보되는지, 또는 모자라더라도 그 길을 건축법상 도로로 볼 수 있을지 확인해 보아야 한다.

다음으로 배수로 조건을 따져보면 토지 앞쪽이나 옆쪽으로 대지(2)가 있는 것을 알 수 있다. 지적상 구거 부지는 보이지 않지만 인근에 대지들이 존재하는 것으로 보아 현장에 현황배수로가 있을 것이다. 따라서 이 토지는 도로와 배수로 조건을 모두 갖춘 것으로 보이기에 일단 개발행위허가는 가능할 토지로 보인다.

이 토지의 개발행위허가를 받으려면 비용이 얼마나 들어갈까? 앞서 살펴본 바와 같이 일단 지목이 농지이기 때문에 농지전용 및 개발행위허가를 얻어야 하므로, 농지보전분담금과 토목설계비가 비용으로 발생할 것이다.

> 농지보전분담금: ㎡당 공시지가 9만 600원 × 3.3㎡ × 30% × 200평 = 약 1800만 원
> 토목설계비: 평당 1만 원 × 200평 = 200만 원

농지보전분담금은 약 1800만 원 정도이고 토목설계비는 200만 원으로 합산하면 이 토지의 인허가 비용으로 약 2000만 원 정도의 비용이 들어갈 것이다.

이제 위성사진으로 보며 이 토지가 어떤 용도를 가지고 있는지 알아보자.

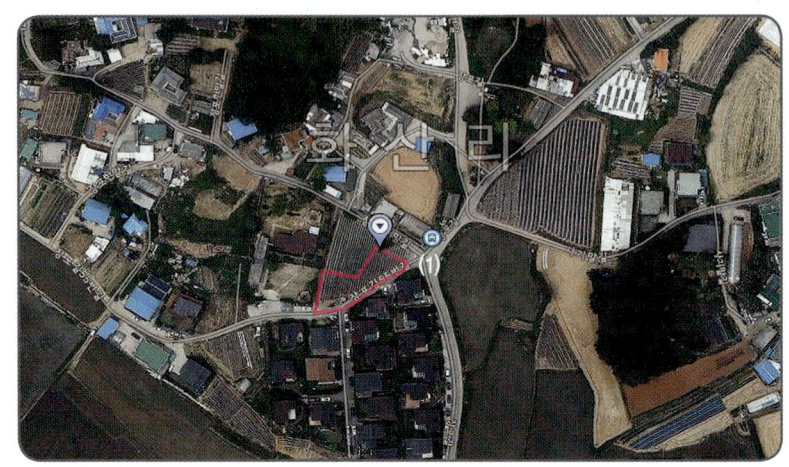

토지 주변에 주택이 많이 보인다.

위성사진을 보면 근처에 주택들이 있는 모습을 볼 수 있다. 또한 토지가 남쪽을 바라보고 있으며 진입로 조건도 양호해 보인다. 신축 조건인 배수로도 존재할 것이다. 게다가 주변에 공장이 보이지 않기 때문에 한적한 전원주택 분위기를 조성할 수 있을 것이다. 다만 땅 모양이 네모반듯하지 않으므로 이 땅을 절반으로 분필하면 토지의 쓰임새가 좋아질 것이다.

더욱이 이 토지는 자연취락지구에 있기에 건폐율이 높다. 또한 토지를 반으로 등분했을 때 규모가 100평씩 되므로 1층 바닥 면적이 40평 이상인 건물을 지을 수 있어 이 땅은 전원주택 부지 2개로 분양을 하면 좋겠다는 판단이 선다.

이제 로드뷰를 보며 도로의 폭을 확인하고 부지 조성에 들어갈 토목공사 비용을 예상해 보자.

토지가 도로처럼 평평하다.

사진을 보면 토지 오른쪽으로 보이는 진입로(1)의 폭이 그리 좁지 않다. 또한 이 토지는 도로와 지면의 높이가 비슷하기에 필요한 성토나 절토 양이 미미한 수준일 것 같다. 그에 따른 구조물 공사량도 거의 없을 것으로 보인다. 성토, 절토 과정이 없다는 것은 큰 차들의 움직임이 없다는 것이어서 민원 발생의 여지가 적다는 것을 의미한다. 토지 아래쪽으로 스틸그레이팅(2)이라는 벌집같이 생긴 구조물을 볼 수 있는데 그것이 바로 우수 관이다. 우수 관에는 오수를 연결할 수 있기 때문에 이것을 배수로라고 생각하면 된다. 이렇게 살펴본 내용으로 짐작하건대 이 토지는 아주 저렴한 비용으로 토목공사가 이루어질 것이다.

이제 사업계획서를 작성해서 보유기간에 따른 수익률을 대강 예상해보자. 이 토지의 용도로는 주택 분양이 적합하므로 이 토지는 단기 매매를 예상할 수 있다. 따라서 시세가 적절하다면 매입을 적극 추진해야 할 것이다.

사업계획서

- 법인으로의 매입, 약 200평
- 평당 예상 매입가격 60만 원, 부지 조성 후 예상 매도가격 평당 120만 원

1. 토지 매입 비용 및 인허가 비용
토지 매입가격: 약 200평 × 60만 원 = 1억 2000만 원
농지전용 및 개발행위허가: = 약 200평 × 약 9만 원 = 1800만 원
토목설계비 1건 : 250만 원
취·등록세: 실거래가 1억 2000만 원 × 5.2%(법무사수수료포함) = 624만 원
총   1억 4674만 원(평당 약 70만 원)

2. 대출 비용
예상 대출: 8000만 원
예상금리 연 5%일 때 1년치 대출이자: 400만 원

3. 토지 매입 후 개발 비용
토목공사(부대토목 및 구조물 공사 비용): 거의 없음. 넉넉잡고 1000만 원 예상

4. 예상 현금 비용
토지 매입 및 인허가 1억 4674만 원 − 대출금액 8000만 원 + 1년치 대출이자 400만 원 + 토목공사 1000만 원= 총 8074만 원

5. 수익 계산
(1) 1년 후 예상 매도가격: 평당 120만 원, 총 2억 4000만 원
(2) 법인세 과표
매도가격 2억 4000만 원 − 매입가격 1억 2000만 원 − 인허가 1800만 원 − 취·등록세 624만 원 − 토목공사 1000만 원 − 1년치 대출이자 400만 원= 과표금액 8176만 원
(3) 법인세: 8176만 원 × 10% = 약 817만 원
(4) 수익
매도가격 2억 4000만 원 − 매입가격 1억 2000만 원 − 인허가 1800만 원 − 취·등록세 624만 원− 토목공사 1000만 원 − 1년치 대출이자 400만 원− 법인세 817만 원 = 7359만 원

- 현금 8074만 원 대비 수익률 : **1년 후 수익 7359만 원 , 약 91% 예상**

용도지역과 용도지구가 동시에 설정되어 있을 때
국토의 계획 및 이용에 관한 법률에서 한 필지 안에 1개의 용도지역과 1개의 용도지구가 동시에 설정되어 있을 경우 용도지구에서의 건폐율을 적용한다.

⑤ 상가 수요가 예상되는 토지

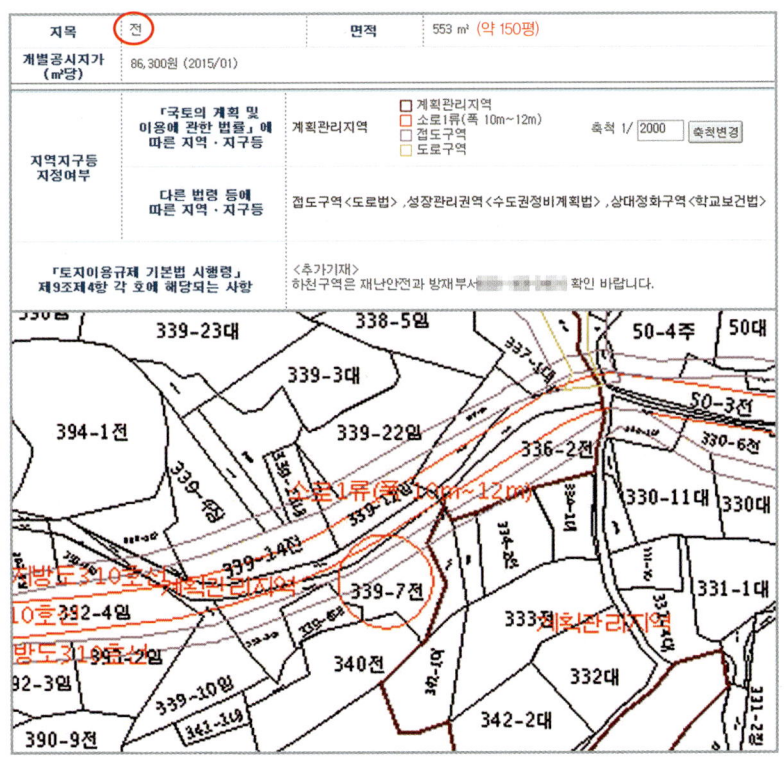

이 토지의 지목은 전이어서 농지이므로 용도를 변경하려면 농지전용허가 및 개발행위허가를 받아야 하는 토지이다. 다음으로 면적을 보게 되면 553㎡로 약 150평 정도이다.

이제 개발행위허가를 받는 데에 필요한 비용을 살펴보자. 농지전용분담금과 토목설계비가 있을 것이다. 농지전용분담금은 평당 공시지가의 30%인 약 8만 원, 토목설계비가 1건 당 250만 원이라고 가정하자.

> 농지전용분담금: 평당 약 8만 원× 150평 = 약 1200만 원
> 토목설계비: 1건 250만 원

이 토지의 개발행위허가를 얻는 데에 들어가는 비용은 총 약 1450만 원 정도가 될 것이다.

용도지역이 계획관리지역이므로 건폐율 40%가 적용되고, 접도구역(1)이 설정된 것으로 보아 2차선 이상의 도로에 접하고 있을 것이다. 용도지역상 여러 건축물을 생각해 볼 수 있는데 도로에 접해 있다는 것을 감안하여 이 토지의 용도는 상가 부지가 적절해 보인다.

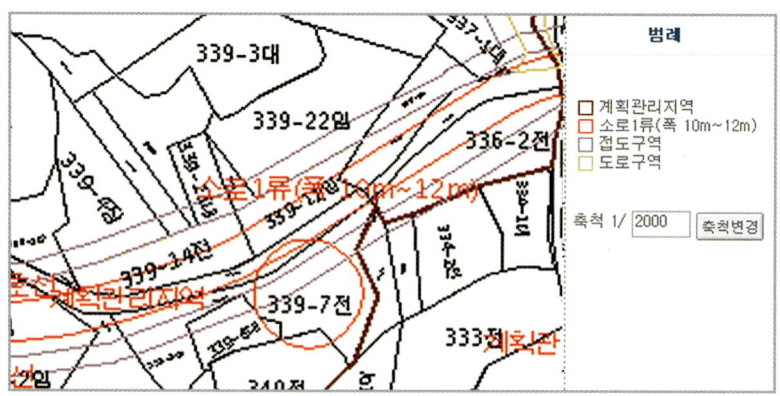

토지 왼쪽으로 도로와 우수 맨홀이 보인다.

그렇다면 로드뷰로 건축법상 도로와 배수로 조건을 검토해 보자. 도로 오른쪽으로 보이는 부지가 해당 토지인데 실제로 2차선 도로에 접한 모습을 확인할 수 있다. 좌측 아래에는 우수 맨홀이 보이므로 배수로를 확보한 토지이다. 그렇다면 이 토지는 개발행위허가를 위한 건축법상 도로와 배수로 조건을 갖춘 것으로 보인다. 다만 토지 주변에 2차선 도로를 제외한 이면도로가 없기에 개발행위허가를 얻으려면 도로점용허가부터 받아야 할 것이고 가감속차선 공사가 이루어져야 한다.

로드뷰를 자세히 보면 토지의 지면이 도로보다 약간 높고, 토지 자체는 평탄한 모습이어서 장비를 이용해 약간의 절토 공사가 이루어져야 할 것 같다. 현장이 편평한 상태의 모습이기 때문에 필요한 구조물의 양은 거의 없을 것이므로 2차선 도로에 따른 도로점용허가와 가감

I.C에서 공장 밀집 지역으로 가는 길목에 위치했다.

속차선 공사의 비용이 토목공사 비용의 대부분일 것이다. 따라서 상가 부지로 개발할 때 공사량은 많지 않을 것이다.

이 토지를 상가 용도로 개발했을 때 수요가 있을지를 위성사진을 활용하여 확인해 보자.

지도 좌측에 조암 I.C(1)가 보인다. 또한 이 토지 위쪽으로 공장들이 밀집되어 있는 것(2)을 확인할 수 있는데, 이 공장들의 물류를 이동시키기 위해 드나드는 차량의 동선을 조암 I.C까지 그릴 수 있다. 이 토지는 공장들이 I.C로 진입하기 위해 드나드는 길목에 위치한 것으로 판단할 수 있다. 따라서 유동인구가 많으리라고 예상할 수 있기에 이 땅은 상가 부지로서 적절할 것이다. 또한 용도지역상 계획관리지역이므로 150평 토지에 바닥 면적 약 60평의 상가건물을 지을 수 있을 것이며 앞서 살펴본 바와 같이 부지를 조성함에 있어 토목공사량도 매우 적을 것이므로 시세가 적당하다면 매입을 적극 고려해 봐야 할 것이다.

공장 부지로 적합한 토지

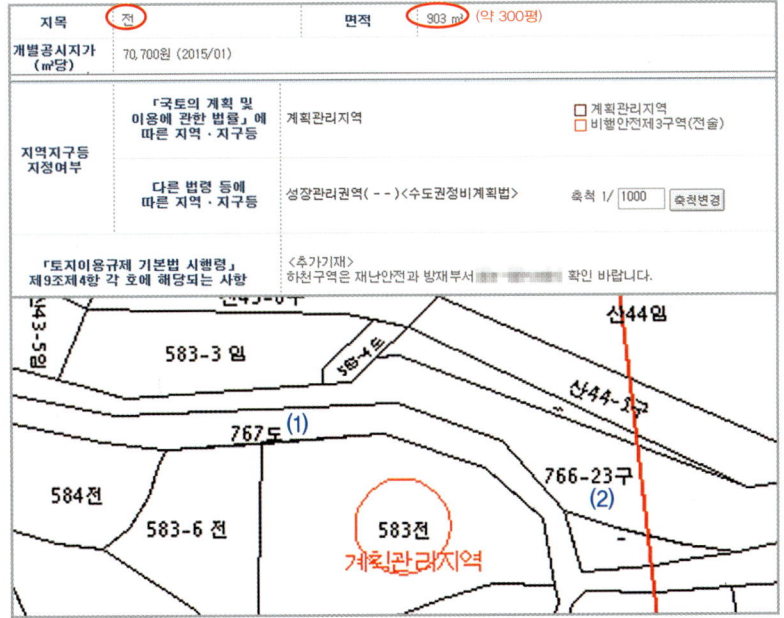

지목은 전이고 면적은 903㎡, 약 300평이다. 개발행위허가를 얻으면

서 세금으로 전용분담금 약 2000만 원과 토목설계비 약 300만 원을 더하면 총 2300만 원 정도의 비용이 소요될 것이다. 개발행위허가가 가능한지 건축법상 도로와 배수로 조건을 살펴보자. 먼저 건축법상 도로의 조건을 보면 일단 지적상 도로(1)가 붙어 있다. 물론 현장 상황을 따져 보아야 한다. 또한 구거 부지(2)도 보이기 때문에 배수로도 문제가 없을 듯하다.

그렇다면 아래처럼 축적을 높여 이 토지의 용도를 생각해 보자.

주변을 보면 인근이 모두 농지이고, 아래쪽에 접도구역 선(1)과 소로 빨간 선이 있는데 아마도 2차선 이상의 도로가 지날 것이다. 위쪽으로는 공장(2)이 있을 것으로 보인다. 이러한 상황에서 이 토지의 용도를 생각해 보면 일단 주택 부지로는 적합하지 않다. 왜냐하면 도로를 기준으로 북쪽을 쳐다보고 있으며 바로 인근에 공장이 들어왔고 큰 도로에서 너무 가까워 소음 문제도 있을 것이기 때문이다.

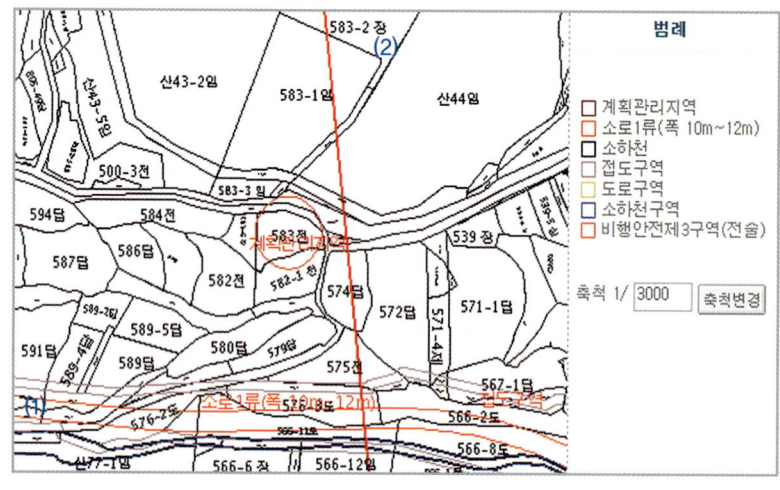

그렇다면 공장 부지로서의 용도가 보이는지 검토해 보아야 한다. 우선 2차선 도로에서 가까운 위치에 있으므로 접근성은 괜찮아 보인다. 또한 용도지역도 계획관리지역이기에 공장의 신축이 가능하다. 다만 현장에서 진입로의 폭을 확인해야 할 것이다. 공장의 큰 차들이 드나들기 좋을 만큼 도로의 폭이 넓다면 이 토지를 탐낼 사람들이 많을 것이고 그 점은 분양성에 영향을 미칠 것이다.

위성사진을 지적도와 비교해 보면 제일 먼저 눈에 띄는 것은 지적도의 모습과 현황이 다르다는 것이다. 토지의 일부가 분할된 것으로 보인다. 또한 2차선 도로에서 이 토지까지의 진입로 색이 다르다는 것도 알 수 있다. 아마도 진입로는 최근에 도로 공사가 이루어졌으리라 추측할 수 있다. 공장 주인이 길을 포장했을 것이다. 공장도 최근에 조성

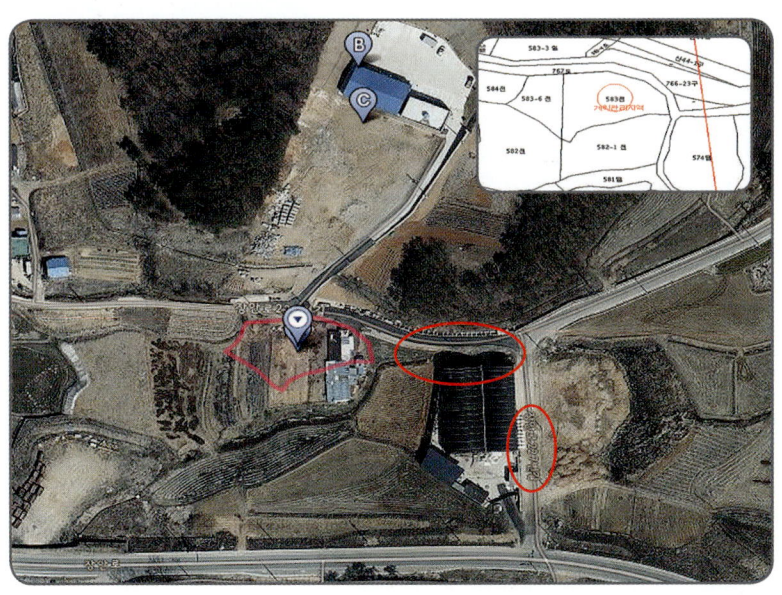

위성사진과 지적도를 비교해 보아야 한다.

이 되었으리라는 것을 알 수 있게 해 준다. 이 토지는 위성사진으로 볼 때 2차선 도로에서 가까운 거리에 위치하며 진입로도 그렇게 좁지 않을 것이라는 판단이 든다.

오른쪽에 보이는 토지로, 농지로 이용되지 않고 있다.

로드뷰를 보면 왼쪽 진입로의 폭을 가늠할 수 있는데 진입로가 건축법상의 도로 폭 4m를 확보한 것으로 보인다. 또한 현장 토지의 모습이 농지로 쓰이고 있지 않은 상태로 보아 이미 개발행위허가를 받았을지도 모르는 상황이기에 토지 주인에게 개발행위허가 여부를 확인해 보아야 할 것이다.

그런데 이 토지는 개발행위허가 여부를 떠나서 절토나 성토가 거의 필요하지 않을 것이고 그에 따른 구조물 양도 없을 것 같다. 따라서 개발행위허가에 따른 비용만이 이 토지의 개발 비용이 될 것이다. 배수로 조건도 양호하기 때문에 이 토지는 공장 부지 용도로 적합하다는 판단이 선다. 시세가 적당하다면 매입을 적극 검토해야 할 것이다.

공장단지 안의 토지

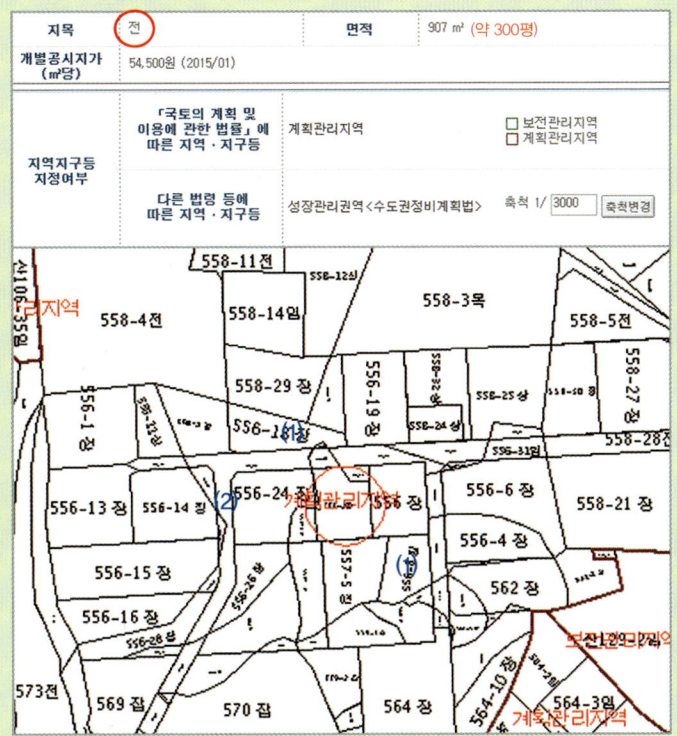

약 300평 규모의 지목이 전인 토지이다. 계획관리지역의 토지여서 건폐율이 40%까지 가능하다. 개발행위허가를 받으려면 농지전용 및 개발행위허가를 얻어야 하고 농지전용분담금과 토목설계비로 약 1800만 원 정도가 개발 비용으로 발생할 것으로 예상한다.

그런데 자세히 보면 주변 지목이 모두 공장(1)으로 되어 있고, 토지들이 칼로 잰 것처럼 잘라져 있는 모습, 단지 내 도로가 만들어져 있을 것 같은 토지의 모습(2)이 보인다. 이러한 모습들로 판단해 보면 이 지역은 공장단지로 개발되어 있으리라고 짐작할 수 있다.

번듯한 도로와 공장들이 보인다.

현장의 모습을 보자. 이미 공장들과 도로가 조성되었다. 현장 로드뷰와 지적도를 종합해 보면, 이들이 일치하지 않는 이유는 다만 도로로 만들어진 필지들의 지적 정리가 아직 이루어지지 않은 상태이기 때문일 것이다.

하지만 이 토지에 개발행위허가를 받는 데에 있어서는 건축법상 도로 조건과 배수로 조건이 모두 갖추어진 것으로 보인다. 공장 단지로 개발이 되다 보니 도로 조건이 굉장히 훌륭해 보이며 배수관도 이미 길을 통해 묻혀 있을 것이라는 판단이 선다. 토지 주변에 이미 공장들이 들어와 있는 상태이고 이 토지만 건물 없는 빈 땅으로 남겨져 있는 상황이다.

두 말 할 필요 없이, 이 토지는 공장 부지를 원하는 사람이라면 탐낼 만한 땅이다. 시장에서 이런 토지를 만나게 된다면 조금 비싼 값을 지불하고서라도 즉시 매입해야 할 것이다.

현황도로와 현황배수로를 갖추고 있어
개발이 가능한 토지

지목	임야		면적	1,485 ㎡ (약 450평)
개별공시지가 (㎡당)	64,500원 (2015/01)			
지역지구등 지정여부	「국토의 계획 및 이용에 관한 법률」에 따른 지역·지구등	계획관리지역		☐ 계획관리지역 ☐ 도로구역 축척 1/ 2000 축척변경
	다른 법령 등에 따른 지역·지구등	성장관리권역<수도권정비계획법>		
	「토지이용규제 기본법 시행령」 제9조제4항 각 호에 해당되는 사항			

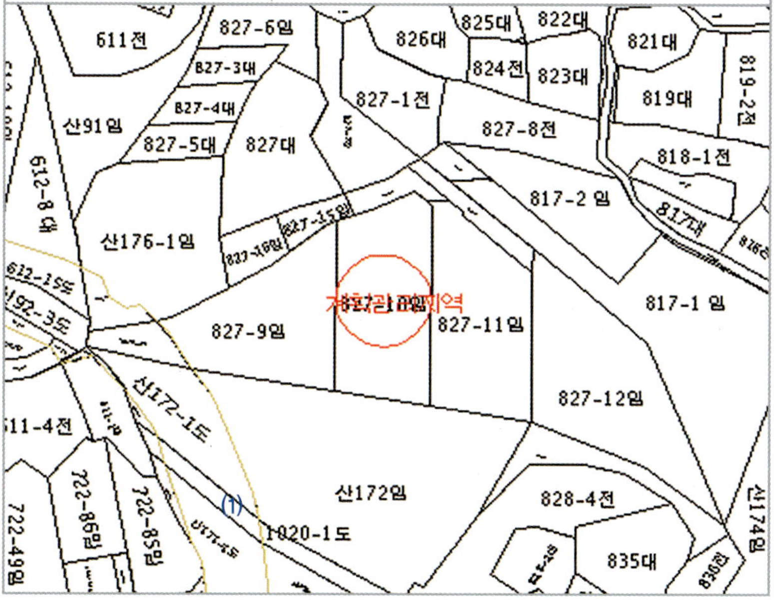

지목을 보면 임야다. 하지만 지적도를 보면 산이라는 말이 보이지 않는다. 임야인데 지번 앞에 산이라는 글자가 없는 토지를 가리켜 토임

이라고 한다. 토임은 개발행위허가를 받았을지도 모르는 토지이기에 개발행위허가 여부를 반드시 확인해 보아야 한다.

일단 허가가 나지 않았다고 가정하고 인허가 비용을 계산해 보자. 지목이 임야이기에 산지전용 및 개발행위허가를 얻어야 하는 상황이어서 세금으로 대체산림자원조성비를 내야 한다. 대체산림자원조성비는 평당 1만 원 정도다. 그밖에 평당 1만 원 정도 토목설계비가 개발 비용으로 필요하다.

> 대체산림조성비: 평당 1만 원 × 450평 = 450만 원
> 토목설계비: 평당 1만 원 × 450평 = 450만 원

계산해 보면 총 900만 원의 인허가 비용이 들어갈 것이라고 판단된다. 이제 이 토지가 개발행위허가를 받을 수 있는 조건인지를 검토하면 된다. 먼저 건축법상 도로 여부를 확인해 보면 지적상 도로(1)가 토지에 접해 있지 않은 상황이다. 지적상으로 볼 때에는 이 토지는 맹지인 것이다. 다만 현황도로를 시 담당자의 재량으로 건축법상 도로로 지정할 수 있으므로 도로 조건의 여지가 있기 때문에, 현황도로가 있는지를 현장에서 찾고 검토해야 할 것이다. 다음으로 배수로 조건을 살펴보면 지적상으로는 구거 부지가 보이지 않는다. 즉 법정 배수로는 현장 가까이에 있지 않은 것으로 판단된다. 현황도로와 마찬가지로 현황배수로가 존재할 때에는 그 역시 배수로로 인정되는 상황이 있기에 현장을 들러 반드시 확인해 보아야 한다.

우선 위성사진의 모습으로 현장 상황을 확인해 보자.

지적도상으로는 맹지였던 토지 앞에 도로가 보인다.

위성사진을 보면 토지 앞에 지적상에는 없던 도로(1)가 포장되어 있는 것을 확인할 수 있다. 이 도로의 모습을 보아하니 마을 길로 이어져 있어서 이 길을 도로로 실제 이용하는 사람들이 많을 것이라는 생각이 든다. 또한 현황도로를 접하여 주택(2)이 들어와 있다. 따라서 토지 앞의 도로가 건축법상 도로일 확률이 높고, 주택이 자리잡은 것으로 보아 배수로 조건 또한 만족하는 토지일 것이라고 판단할 수 있다.

그렇다면 이 토지의 용도를 가늠해 보자. 일단, 지목이 임야이기에 개발행위 인허가 비용이 저렴하다. 이 토지는 2차선 도로에서 그리 멀지 않은 곳에 위치했으며 모양도 네모반듯하고, 계획관리지역에 있어 건폐율이 40%이므로 토지의 활용 면에서 좋은 조건을 가지고 있다. 다만 진입로를 기준으로 북쪽을 바라보고 있기에 주택 부지로서 아주 좋은 조건은 아니며 진입로의 폭이 넓지 않을 것으로 보이기에 공장 부지로 개발하는 경우에도 분양성이 아주 뛰어날 것이라고 판단하기는 어려울 것 같다.

진입로의 모양과 토지의 생김새를 자세히 보기 위해 로드뷰로 현장을 확인해 보자.

토지의 모습을 보았을 때 절토 행위가 이루어진 것으로 보아 이미 개발행위허가를 받았을 것이다. 그렇다면 이 토지는 개발행위허가를 받고 일부 토목공사까지 완료된 상태라고 볼 수 있으므로 투입할 구조물 양이 미미할 것이라고 판단되며, 진입로 또한 아주 좁은 편은 아니기 때문에 공장 부지의 쓰임새가 나타난 토지이다. 2차선 도로와도 멀지 않아 접근성도 양호하므로 시세가 적당하다면 매입을 검토해도 괜찮을 것이다.

도로와 지면 높이의 차이가 크지 않다.

⑧ 저수지가 가까이 있어 매도가 용이할 토지

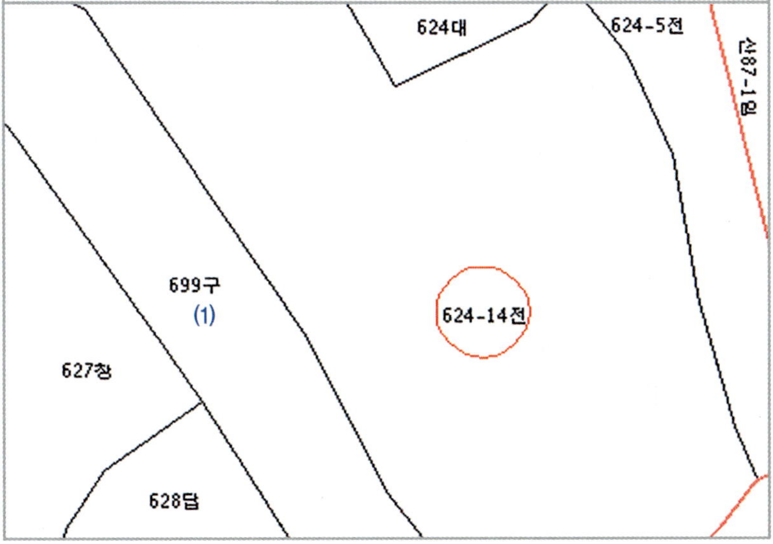

토지 개발업자 입장에서 어떤 토지 인근에 저수지가 있다는 것은 그 땅에 가산점을 줄 수 있는 요소일 수 있다. 왜냐하면 전원주택을 지어 살고자 하는 사람들은 주변의 경치를 매우 신경 쓰는 편이므로 토지 앞에 저수지나 호수가 있다면 선호할 수 있다. 개발업자 입장에서는 그런 그 토지를 주택 분양 용도로서 고려할 수 있다.

이 토지의 지목은 전이다. 면적은 1,403㎡, 약 400평 정도이다. 지목이 전이기 때문에 개발행위허가에 있어 농지전용 및 개발행위허가를 받아야 하는 상황이다. 즉 이 토지에 건물을 지으려면 세금인 농지전용분담금으로 1200만 원, 토목설계비로 400만 원, 총 1600만 원의 개발행위허가 비용이 소요될 것이다.

이제 위 부지가 개발행위허가의 조건을 만족하고 있는지 건축법상 도로와 배수로 조건을 살펴보아야 한다. 처음 축척을 1/500로 본 것은 토지 왼쪽에 붙어 있는 필지(1)의 지목을 확인하기 위해서이다. 옆 토지(1)의 지목이 구거다.

이번에는 토지 주변을 조금 더 넓게 둘러보자.

지목상으로는 도로 부지가 없으므로 건축법상의 도로를 유추하려면 이 토지와 접한 구거 부지(1)를 살펴야 한다. 지목은 구거이지만 주변에 창고(2)나 대지(3)가 있는 것으로 보아 구거를 도로로 활용할 것이라고 예

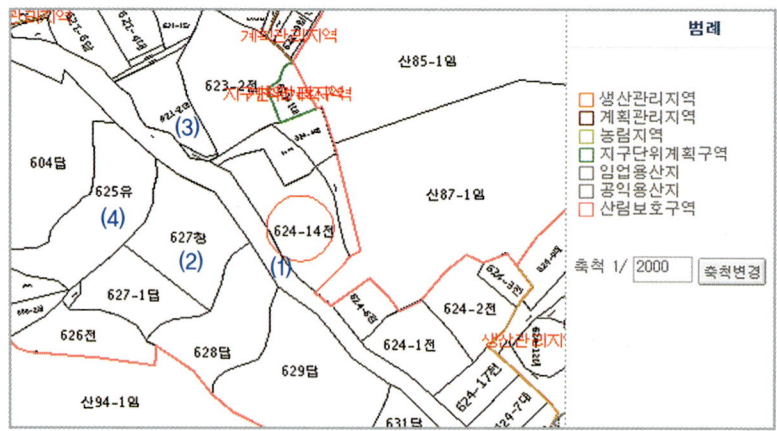

상할 수 있다. 물론 현장 상황을 확인해야 하지만 배수로 조건 역시도 구거 부지를 통하여 저수지(4)까지 확보될 것이라는 예상할 수 있다. 그렇다면 이제 위성사진을 통해 현장을 확인해 보자.

구거 부지에 도로의 모습이 보인다.

위성사진을 보면 예상대로 구거 부지(1)를 도로로 활용하고 있으며 배수로 또한 구거 부지를 통해 왼쪽의 저수지(4)로 방류되도록 확보된 것 같다. 앞서 언급한 것처럼 가까이에 저수지가 있고 인근에 주택들이 모여 있는 상황이며, 토지가 남쪽을 바라보고 있기에 주택 부지로 적합하다. 이 토지는 용도지역이 농림지역이고, 그중에서도 농업보호구역이므로 주택 건축이 가능하며 건폐율이 20%인 지역이라 1층의 바닥면적도 80평을 건축할 수 있는 조건이 된다.

그렇다면 이 토지를 매입하여 수익을 남길 수 있을까? 그것을 판단하려면 매매가격도 따져 보아야겠지만 공사 비용이 얼만큼 들어가는지를 예상해 보아야 할 것이다.

현황도로에서 토지로 진입하는 데 쓰일 구조물이 필요하다.

왼쪽의 도로가 구거 부지인 현황도로이다. 토지는 도로와 지면이 거의 평평한 모습이어서 성토·절토 양이나 그에 따른 구조물 양이 미미할 것으로 보인다. 다만 도로와 토지 사이에 구거가 흐르므로 도로에서 토지로 넘어갈 수 있도록 연결하는 다리가 필요할 것이다. 구거의 폭이 넓지 않고, 구거를 횡단하는 다리에 대해서는 목적외허가를 받으면 되는 것이기 때문에 다리를 놓는 문제는 쉽게 해결할 수 있을 것이다.

종합해 보면 이 토지는 개발행위 인허가 과정이나 공사 비용에 있어서나 아주 좋은 조건을 가지고 있다고 해도 될 것이다. 또한 앞서 검토한 서류들로 볼 때 토지가 남쪽을 바라보고 인근에 저수지까지 존재하기에 이 토지는 주택 부지로서 어렵지 않게 매도할 수 있을 것이다.

단기매매를 목적으로는 매입해서는 안 되는 토지

지목	답	면적	1,223 m² (약 350평)
개별공시지가 (㎡당)	67,800원 (2015/01)		

지역지구등 지정여부	「국토의 계획 및 이용에 관한 법률」에 따른 지역·지구등	생산관리지역	축척 1/1000	☐ 계획관리지역 ☐ 생산관리지역 ☐ 소로1류(폭 10m~12m) ☐ 소하천
	다른 법령 등에 따른 지역·지구등	성장관리권역〈수도권정비계획법〉		☐ 접도구역 ☐ 도로구역 ☐ 소하천예정지 ☐ 소하천구역

「토지이용규제 기본법 시행령」 제9조제4항 각 호에 해당되는 사항 〈추가기재〉 하천구역은 재난안전과 방재부서 ▒▒▒▒▒ 확인 바랍니다.

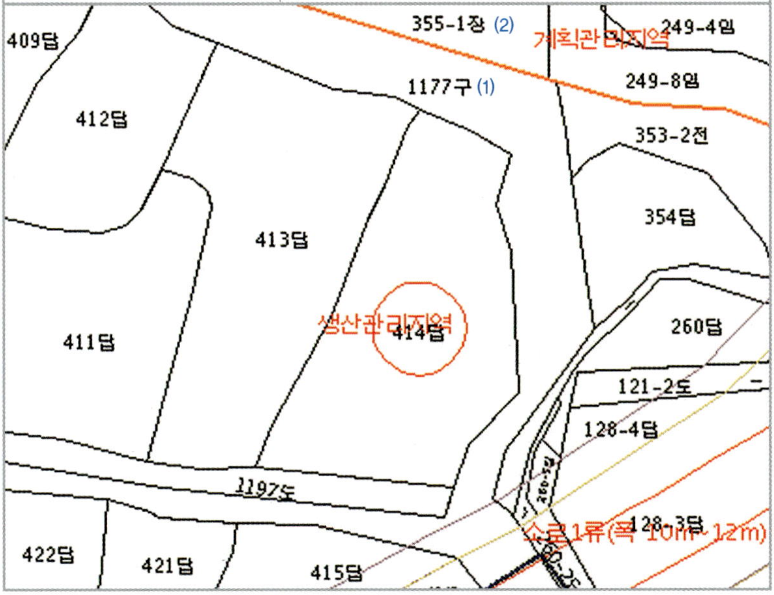

지목을 보면 답이므로 개발행위허가를 받으려면 농지전용 및 개발행위허가를 얻어야 한다. 면적은 1,223㎡로 약 350평이다. 이 토지의 개발행위허가 비용은 농지전용분담금과 토목설계비가 대부분일 것이다.

> 농지전용분담금: 6만 7800원 × 3.3㎡ × 30% × 350평
> = 약 2400만 원
> 토목설계비: 1만 원 × 350평 = 350만 원

계산해 보면 개발행위허가를 받기 위한 비용은 대략 2750만 원이 된다. 인근 필지의 지목을 살펴보면 토지 오른쪽에 구거 부지(1)가 있고, 위쪽에 공장(2)이 자리잡은 것으로 보아 이 구거 부지가 도로로 활용되고 있으리라는 판단이 든다. 또한 구거의 폭이 넓기에 이곳에 배수로와 도로가 공존할 확률이 있으므로, 현장을 찾아가서 확인하고 건축법상 도로와 배수로를 파악하여 개발행위허가가 가능한지를 파악해야 한다.

위성사진을 통하여 현황 모습과 앞으로의 용도를 살펴보자.

인근에 큰 도로가 있으나 주택은 드물다.

위성사진을 보면 사거리(1)가 눈에 들어온다. 그런데 토지 인근이 모두 전, 답으로 이루어져 있다. 주변에 산이 있는 것도 아니고 주택이 적어 이 토지는 주택 부지로 적합하지 않다. 배산임수도 아니고, 주변도 휑한 곳이다. 편의시설도 적다.

다만 교차로와 가깝고 2차선 도로에서 근접한 위치에 있으므로 접근성은 양호해 보인다. 또한 주변에 주택이 거의 없으므로 민원의 여지가 적고 토지 위쪽으로 공장(2)이 있기도 해서 공장 부지로 활용하면 괜찮을 조건을 가지고 있다는 생각이 들 수 있다. 이와 더불어 지적에서 보았던 구거 부지가 위성사진을 보면 예상대로 도로로 활용되는 모습을 확인할 수 있다. 그렇다면 이 토지 역시 구거의 목적외허가를 받아 이 토지의 진입로로 활용하면 될 것이다. 다음으로 배수로를 확보하고 있는지 여부를 보면 토지 위쪽으로 공장이 들어와 있는 것을 감안할 때 인근에 배수로가 있으리라고 추측할 수 있다. 그렇다면 이 토지의 용도는 공장 부지가 될 수 있다.

그러나 용도지역을 살펴보면 생산관리지역이다. 관리지역의 세 가지 분류 중에서 생산관리지역의 토지에는 공장의 건축이 불가능하다. 이 토지는 용도가 공장 부지밖에 보이지 않는데 용도지역상 공장 부지로 사용할 수 없는 토지인 것이다.

이렇게 주택 부지로도 적합하지 않고 공장 부지로도 사용할 수 없으며, 다른 용도를 생각하기 어려운 토지. 이런 토지들이 바로 단기매매가 불가능한 땅이라고 생각하면 된다. 많은 사람들이 이러한 토지를 값이 저렴하다는 이유로 매입하지만, 용도가 보이지 않는 토지이기에 본인의 의사와 상관없이 장기 투자가 될 확률이 굉장히 높으므로 토지에 짧은 시간 동안 투자하기를 꿈꾸는 사람들은 이와 같은 토지는 매입해서는 안 될 것이다.

 공동투자 방식으로 차익과 임대 수익을 거두는 토지

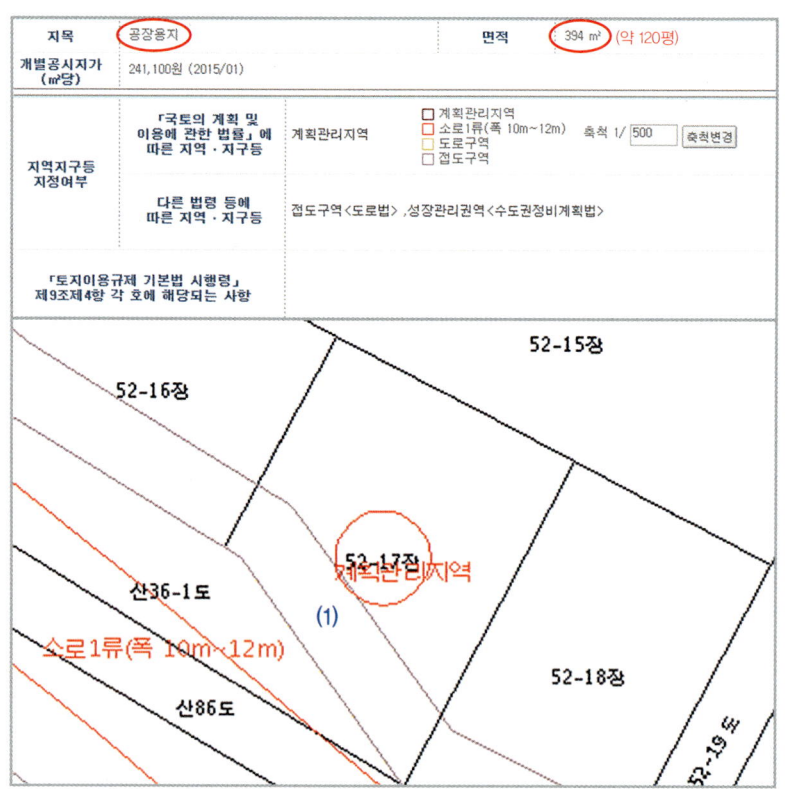

이 토지의 지목은 공장용지이다. 다시 말해서 이미 개발행위허가를 받은 토지라는 뜻이다. 면적은 394㎡로 약 120평 정도다. (1)은 접도구역선이다.

이 토지는 내가 운영하고 있는 토지개발 아카데미에서 공동투자를 했다. 총 매입비용은 2억 5000만 원이지만 현금으로는 등기비용을 합쳐 1억 원 내외의 금액이 들었다. 이 토지를 현재 보증금 1000만 원에 월세 63만 원으로 임대를 한 상황이어서 대출이자 비용은 월세로 충당한다. 물론 여러 명이 함께 공동투자를 한 것이기에 공동투자계약서를 작성했고 법인명의로 취득했다. 공동투자가 각자의 투자금은 2000만 원이 채 되지 않지만, 현금 대비 40% 이상의 투자수익률을 예상하기 때문에 적은 돈으로 투자 위험을 최소화하고 투자금 대비 높은 수익률을 기대할 수 있는 투자방식이라는 점에서 공동투자방식은 굉장히 좋은 투자수단이라고 말할 수 있다.

이 토지의 가치를 확인해 보자. 개발행위 허가를 받았다는 말은 지목이 변경되었다는 말이면서 도로 점용에 의한 가감속차선 공사도 마무리 되었다는 뜻이다. 왜냐하면 지목이 변경되려면 개발행위허가 준공을 얻어야 하는데, 도로 점용을 하게 되는 땅은 도로 준공을 받아야만 하고 도로 준공을 받기 위해서는 도로 연결에 따른 가감속차선 공사가 되어 있어야 하기 때문이다. 이러한 과정을 거쳐 도로 준공을 받은 필증을 첨부해야만 개발행위허가 준공 허가를 얻고 지목이 변경된다. 지목 변경, 개발행위허가 준공을 받았기에 이 땅은 토지임대차가 가능하다. 또한 접도구역 선(1)이 보이는 것으로 짐작하건대 2차선 이상의 도로에 접한 토지일 것이다.

그렇다면 큰 도로 주변의 토지이므로 지목이 공장용지일지라도 상가 부지로도 사용하기 좋을 것이다. 이미 개발행위 준공을 받았으므로 시·군·구로부터 허가에 따른 어떠한 제약도 없을 것으로 예상되고, 2차선 도로변이기 때문에 접도구역은 설정되어 있지만 이것을 제외하더라도 바닥면적 약 30평의 건물을 신축할 수 있다.

시골지역에 있는, 120평의 준공을 받은 도로변의 토지. 도로변에 이와 같이 100평 대의, 개발행위허가 준공을 받고 지목이 변경된 나대지는 거의 존재하지 않는다. 따라서 주위에 이 토지와 비교할 수 있는 토지는 거의 없기에, 추후 토지 시장의 경기가 살아난다면 이 토지는 제일 먼저 팔릴 수 있는 조건을 가지고 있는 것이다. 또한 보유하면서도 토지임대차를 통하여 대출이자만큼의 월세 수익을 기대할 수 있다.

아래처럼 축척을 키워서 현황의 모습을 판단해 보아도 이 토지는 2차선 도로변에 있고 용도지역이 계획관리지역이기에 접도구역을 제외하

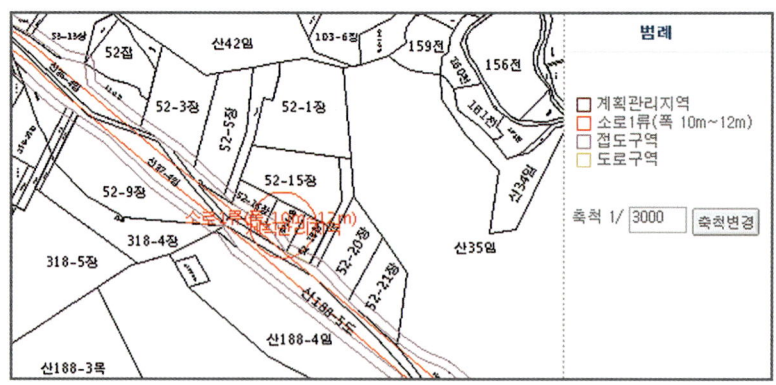

주변 지목은 공장용지와 임야이다.

더라도 역시 바닥면적 30평의 건물이 나올 것이다. 1층이 30평인 건물을 지을 수 있기에 이 토지에는 도로변 식당, 도로를 이용하는 시설인 카센터나 고물상, 나아가 추후 도시가스가 들어오게 된다면 수익형 부동산까지 만들 수 있다.

이제 이 토지가 어떤 입지를 가지고 있는지 위성사진을 보며 살펴보자. 위성사진을 보면 왼쪽에 조암 I.C(1)가 있고 토지 위쪽으로 공장들이 모여 있다. 이 지역은 접근성이 훌륭하기 때문에 더 많은 공장들이 들어올 것으로 예상되고, 그렇게 되면 공장으로 가는 길목은 상권이 형성될 것이다. 따라서 2차선 도로변에 있으면서 개발행위준공을 마친 작은 토지는 실수요자들의 매수 1순위가 될 것으로 보인다.

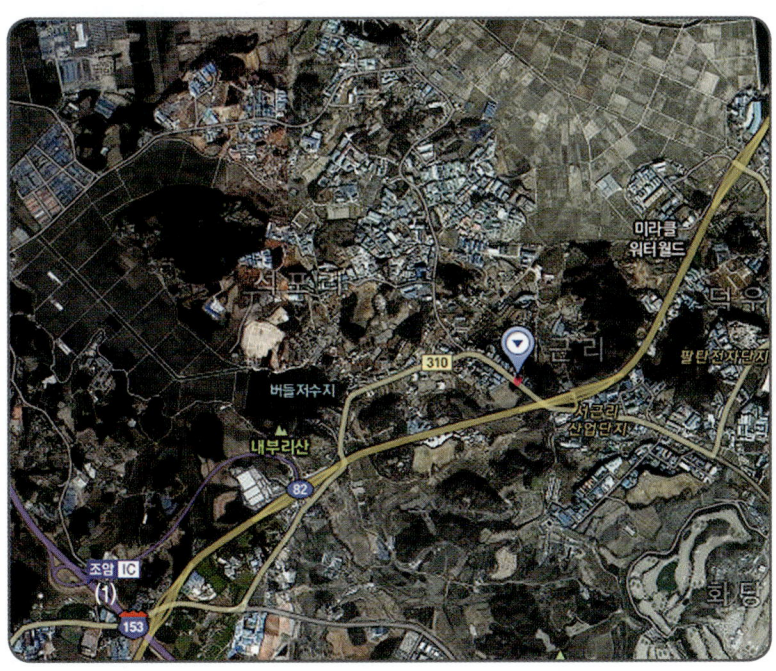

위성사진(위)와 로드뷰(아래).

로드뷰 사진을 보면 도로 오른쪽에 있는, 건물이 없는 땅이 매입한 토지이다. 사진에서 가감속차선(2) 공사가 되어 있는 모습을 확인할 수 있다. 또한 양옆으로는 상가와 공장이 운영 중이기에 현재도 어느 정도의 유동인구가 있으리라고 기대할 수 있을 것이다.

적은 비용을 모아 위와 같은 부지를 보유하는 것은 혼자만의 투자일 때에는 부담이 될 수도 있지만, 공동투자라는 좋은 방식을 활용하면 훌륭한 투자를 할 수 있다.

공동투자방식의 장점
1. 부지가격에 상관없이 자기 자본 대비 투자수익을 거둘 수 있다.
2. 분산투자를 통해 투자 위험을 줄일 수 있다.

주의사항
1. 공동으로 투자하는 만큼 서로간의 투자 내용을 정확하게 명시한 공동투자 계약서가 있어야 한다.

2. 목표 수익률, 수익 실현이나 분배 방식 등 관련 내용을 상세하게 기록해 둘수록 좋다.

4 눈에 보이지 않는 위험, 주의 또 주의!

 공장으로 허가를 받을 수 없다고요?

토지를 매입하여 실제로 공장을 운영하려는 사람이라면 토지 매입 전에 반드시 확인해야 할 사항이 있다. 공장 설립을 제한하는 기준인 수계가 바로 그것이다.

나는 2003년 토지업계에 발을 디뎠다. 당시에는 토지에 대하여 아무것도 모르는 상태였기 때문에 주변에서 일어나는 일들을 별 의미 없이 지켜보기만 했다. 그러다가 큰 규모의 토지를 계약시키게 되었는데, 내가 중개를 한 것이 아니라 공인중개사라는 이유로 계약서만 작성한 경우였다. 그때 거래된 토지는 평수로 5만 평 가량. 20대 중반의 나이에, 그것도 이제 막 토지에 대해 알아가던 나에게 5만 평을 계약하는 과정이란 신세계를 경험하는 일이었다. 다만 그 거래계약서를 작성하는 당시에는 매수자가 왜 그렇게 많은 토지를 사는지 이해하지 못했다. 그저 '땅이 많으면 좋으니까 사시겠지.' 하고 막연히 생각할 따름이었다.

그러다 토지를 매입한 분께 우연히 매입 목적을 듣게 되었는데, 그 분은 작은 공장 단지를 만드실 생각이셨다. 당시에 공장 부지의 인기는 굉장히 높아서 공장 부지는 조성만 해 놓으면 팔려나가는 시기였다. 그래서 매수자는 큰 평수를 한꺼번에 매입하여 공장 단지를 만들려고 계획을 한 것이다. 이후로도 이 분은 2만여 평의 토지를 더 사들이고 나서야 토지 매입을 마치셨다. 나 또한 그 토지들이 금새 공장 부지로 바뀔 것이라고 생각했다.

하지만 이상했다. 시간이 지나가도 토지의 모습이 바뀌지 않았던 것이다. 당시 들리는 소문으로 개발행위허가에 문제가 생겼다는 이야기가 돌아다닐 뿐이었다. 다시 세월이 흘렀고, 그렇게 시간이 지나면서 그 일들은 기억 속에서 잊혀져 갔다.

그러던 어느 날, 우연히 그 토지에 대한 제대로 된 소식을 듣게 되었다. 소문의 내용이 어느 정도 사실이있는지, 매입했던 토지에 공장 부지로의 개발행위허가가 불가능하다는 것이었다. 당시에는 왜 인허가가 불가능한 것일까 하고 궁금하게만 여겼던 것 같다. 하지만 이제 그 까닭을 안다. 이유는 바로, 수계였다.

개발행위허가의 종류에는 공장설립승인허가라는 것이 있는데 이 허가를 받기 위한 조건이 있고, 그 조건 중에는 수계라는 것이 있다. 수계란 강이나 하천, 연못, 바다 등 강수가 유입되는 곳을 말한다. 수계에

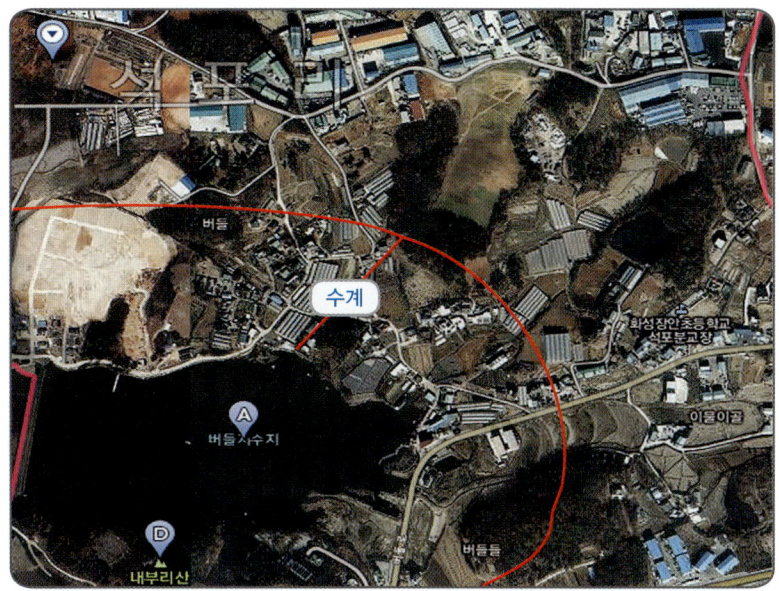

수계에 저촉된 곳은 공장설립의 승인이 제한된다.

따른 제한이란 저수지나 바닷가 주변 일정한 거리 안에는 공장설립의 허가를 받을 수 없다는 것이다. 배수의 문제 때문이다. 많은 사람들이 이 수계 기준을 잘 모른다. 그러나 토지를 매입하여 실제로 공장을 운영하려는 사람은 잊지 말고 반드시 확인해야 한다.

수계 기준

공장설립 승인을 받으려 할 때에 상수원보호구역이나 농업용 저수지로부터 일정 거리 안에는 공장 설립을 제한하는 것이다. 수계는 하천 등 수역의 중심선을 따라 물이 흘러가는 방향으로 잰 거리인 유하거리를 기준으로 한다.

② 땅 위에 묘가 있어요

토지를 매입하려 할 때 그 위에 묘가 있는 경우가 가끔 있다. 민법에서는 분묘에 대하여 분묘기지권이라는 권리를 인정하고 있기에 임야를 매입하려는 경우 그 안에 묘가 있는지 반드시 확인해 보아야 한다.

예를 들어 A라는 사람이 5000평에 달하는 규모의 임야를 매입했다고 하자. A도 부동산 지식을 가지고 있었으므로 분묘를 조심해야 한다는 것을 알고 있었다. 그래서 A는 이 토지를 매입하기 전에 토지 주인인 B에게 확인을 했다.

"제가 이번에 이 땅을 매입하려 하는데 이 매물에 무슨 문제가 있는 것은 아니겠지요?"

"아무 문제 없는 토지입니다."

"제가 산이 평수가 좀 되고 다 확인할 수는 없으니 한 가지만 확답을 받겠습니다. 혹시 이 땅에 분묘 같은 것은 없겠지요?"

"묘 같은 것은 없으니 걱정하지 않으셔도 됩니다."

이렇게 A는 토지 계약 전에 B에게 분묘에 관하여 구두로 확답을 받았다. B가 해당 토지에 묘가 없다고 이야기했으므로 A는 B와 이 토지에 대해 매매계약을 하게 되었다.

A는 개발업자여서 토지등기를 가져오는 대로 바로 개발행위허가를 관할기관에 접수하였고, 인허가를 받자마자 공사를 시작하려고 했다. 그런데 문제가 생기고 말았다. 매입한 토지의 한 귀퉁이에서 정체 모를 분묘가 발견된 것이다. 이에 A는 토지 전 주인인 B에게 전화를 했다.

"토지에 묘는 없다면서요? 묘가 발견됐는데 어떻게 된 겁니까?"

"아, 우리 조상님 묘가 있는 것 깜박했네요."

"이런 것을 깜빡 하십니까? 어찌됐건 전 공사를 해야 하니까 이장을 해 주세요."

"이장이라니요? 안 됩니다. 오랫동안 있어 온 묘이기 때문에 이장할 수 없습니다."

상황이 이렇게 된 것이다. 그런데 A는 B와 분묘에 대해 구두로 확인을 했으면서도, 토지 매매계약을 하면서 이에 대하여 어떠한 특약도 작성하지 않은 상태였다. 이런 경우, 이 묘는 어떻게 되는 것일까? A 마음대로 이장을 할 수 있을까?

2001년 1월 13일에는 '장사등에관한법률'이 제정되었다. 이 법에는 분묘기지권이 담겼는데, 분묘기지권은 타인의 토지 위에 분묘를 설치한 사람이 그 분묘를 소유하기 위하여 타인의 소유인 토지를 이용할 수 있는 권리이다. 앞서 말한 법률은 이 분묘기지권이 성립하는 경우를 세 가지로 구분하여 명시했다.

- 첫 번째, 타인의 토지 위에 토지 소유자의 승낙을 얻어 분묘를 설치한 경우
- 두 번째, 토지 소유자의 승낙을 받지 않았더라도 타인 소유의 토지 위에 묘를 설치하여 온전·공연하게 20년이 지난 경우
- 세 번째, 자기 소유의 토지 위에 분묘를 설치한 후 분묘에 대한 특약 없이 토지만 타인에게 매매한 경우

땅의 지형(위)을 잘 살펴야 한다. 사진(아래)처럼 찾기 쉬운 묘도 있지만, 무연고 묘는 수풀에 가리거나 무너져 찾기가 쉽지 않다.

A의 경우와 가장 비슷한 요건은 세 번째이다. 물론 A의 상황을 단정지어 설명할 수는 없을 것이다. 왜냐하면 토지 주인인 B가 묘가 없다고

확답하였고, A 역시 토지 매매계약을 하면서 B와 어떠한 특약 사항도 작성하지 않았기 때문이다.

다만 이렇게 A와 같이 난감한 상황이 되지 않으려면 임야를 매입하기 전에 묘가 있는지를 반드시 확인해 보아야 할 것이고, 특약 사항에도 '추후 분묘가 발생할 시에는 매도인이 책임지고 이장하기로 한다.'라는 내용을 반드시 기재해야 한다.

분묘기지권의 범위와 존속 기간

(그 범위는) 분묘 건축물의 기초인 분묘기지, 분묘를 수호하고 분묘의 제사에 필요한 범위에서의 분묘기지 주변의 공지(空地)를 포함한 지역에까지 미치는 것으로 본다(대법원 판례 85다카2496). 그 존속기간은 민법의 지상권 규정을 따를 것이 아니라, 당사자 사이에 약정이 있는 등 특별한 사정이 있으면 그에 따른다. 특별한 사정이 없는 경우에는 권리자가 분묘의 수호와 봉사를 계속하는 한 그 분묘가 존속하고 있는 동안은 분묘기지권이 존속한다고 해석한다(대법원 판례 81다1220).

무허가 건물의 주인이 나타났어요

토지 소유자가 건물의 처분권까지 함께 취득한 경우에는 건물을 인정할 까닭이 없다.

그런데 한 번은 이런 일이 있었다. 제조장을 짓기 위해 매입한 토지 위에 무허가 건물이 존재했던 것이다. 매수자의 계획은 토지를 매입한 뒤 건물을 철거하고 제조장을 짓는 것이었다. 그래서 예정대로 토지의 잔금을 치르고 등기를 마무리 한 뒤 건물을 철거하기 위해 장비를 예약했다. 그런데 계획대로 건물을 철거하려 하는 순간 무허가 건물 앞에 붙은 메모를 발견했다. 순간 스친 걱정대로 아니나 다를까, 그 메모의 내용은 건물의 소유권을 주장하는 것이었다.

'본 건물은 본인의 소유인 바, 건드리지 마시오.'라는 문구와 함께 연락처가 적혀 있었다. 나는 바로 토지 매도인에게 전화를 걸었다.

"파신 땅 위에 무허가 건물 있잖아요. 그 건물 철거하려고 왔는데 건물주라는 사람이 나타났어요. 어떻게 된 건가요?"

"건물주라니요? 그 건물은 제가 땅을 살 때부터 거기에 있었고, 땅을 매입할 당시 토지주와 건물주가 동일인이어서 건물은 매수자가 철거한다는 특약을 넣었어요. 아직 철거만 안 한 것인데 건물주가 따로 있다니요?"

"아, 그런가요? 그럼 제가 알아서 하겠습니다."

그렇게 전화통화를 끝내고 나는 건물의 소유권에 대하여 연구했다. 과연 건물을 자기 것이라고 주장하는 사람의 말이 맞는 것인지……. 그리고 이 건물의 소유권을 확인하기 위하여 관습법상의 법정지상권을 알아보았다.

> 관습법상의 법정지상권이란 토지와 건물이 동일인에 속했다가 토지와 건물 소유자가 달라지게 된 경우 그 건물을 철거한다는 등의 특약이 없는 한 건물소유자는 관습법에 의하여 건물의 등기 없이도 당연히 취득하는 지상권을 의미한다.

그렇다면 이 토지는 건물을 철거한다는 특약을 넣고 토지를 계약했으므로 매수자가 건물까지 매수한 것으로 보아야 하고, 따라서 건물주가 따로 있다는 주장은 맞지 않는다. 그리하여 건물의 철거를 감행했고 메모에 있던 연락처로 이런 메시지를 남겼다.

> 본 건물에 대하여 법정지상권이 성립할 수 없어 건물의 소유권을 인정할 수 없는 상황입니다. 만약 문제가 있다면 문제를 삼으시기 바랍니다.

무허가 건물일지라도 토지 소유자와 계약 조건을 꼼꼼히 살펴야 한다.

관습법상 법정지상권

동일인의 소유이던 토지와 그 지상건물이 매매 기타 원인으로 인하여 각각 소유자를 달리하게 된 경우 그 건물을 철거한다는 등의 특약이 있거나, 또는 토지의 점유·사용에 관하여 당사자 사이에 약정이 있는 것으로 볼 수 있거나, 토지 소유자가 건물의 처분권까지 함께 취득한 경우에는 관습상의 법정지상권을 인정할 까닭이 없다.

미등기건물의 경우에도 '미등기건물을 그 대지와 함께 매도하였다면 비록 매수인에게 그 대지에 관하여만 소유권이전등기가 경료되고 건물에 관하여는 등기가 경료되지 아니하여 형식적으로 대지와 건물이 그 소유 명의자를 달리하게 되었다 하더라도 매도인에게 관습상의 법정지상권을 인정할 이유가 없다(대법원 2002·6·20·선고 2002다9660 전원합의체 판결)'.

  현황도로의 주인이 길을 막아 버렸어요

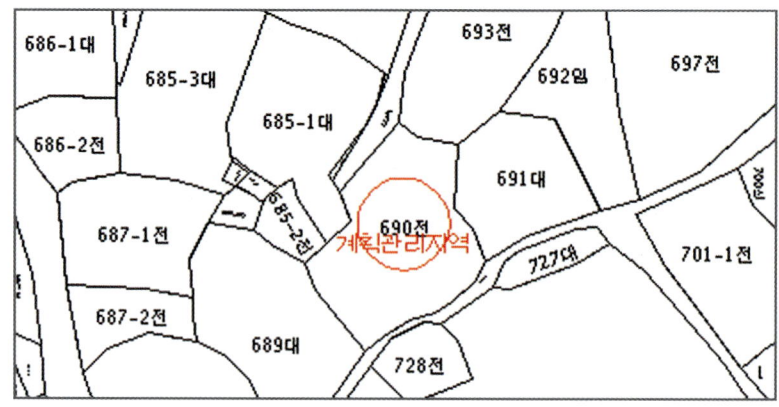

지적상으로는 도로가 아닌 전이었지만, 토지의 일부가 현황도로로 사용되고 있다.

토지를 매입하면서 도로가 주변에 있다면 마냥 좋을까? 이때에는 사려는 땅이 도로로 사용되고 있는지 알아야 한다. 만약 매입하는 토지의 일부분이 도로로 사용되고 있고 이미 그 길을 이용하는 사람들이 많다면 소유자라고 할지라도 그 부분은 도로로 놔둘 수밖에 없다.

어느 날, 시골 동네의 토지를 매입했는데 그 땅으로 들어가는 길은 지적상 도로가 아니었다. 그 부분은 예전부터 길로 쓰고 있었을 뿐 개인의 사유지였던 것이다. 문제는 길로 쓰고 있던 땅이 매매되면서 생겼다. 새로운 주인은 토지를 매입하면서 경계측량을 실시했고 본인의 땅이 길로 쓰여지고 있다는 사실을 알게 되었던 것이다. 이에 그 토지의 매수자는 경계대로 토지 둘레에 펜스를 쳤고 그로 인하여 내가 매입한 땅으로 들어가는 길이 막혀버렸다. 그 토지 주인을 찾아가 대화를 시도했다.

"예전부터 길로 쓰여 왔는지는 모르겠고 내가 이 땅을 사서 경계대로 담을 친 것인데 무슨 문제가 있습니까?"

"문제가 있지요. 현황도로라는 것을 모르시나요? 지적상 도로가 아닐지라도 그 길을 이용하는 사람들이 많고 개발행위 담당자가 공로로 인정해 버리면 그것은 건축법상 도로가 됩니다. 그렇기에 사장님 땅이라고 길을 이렇게 막으시면 교통방해죄가 성립될 수도 있습니다. 자꾸 이러시면 시에 민원을 거는 수 밖에 없습니다."

그렇게 대화가 끝나고 시에 민원을 제기했다. 도로 주인이 길을 막았다는 내용으로 말이다. 이에 담당공무원은 현황도로 주인을 찾아갔고 며칠 뒤, 펜스로 막혀 있던 그 길로 다시 통행할 수 있게 되었다.

현황도로

지목이 전, 답, 대지 등이면서 사실적으로 도로의 기능을 제공하고 있는 도로이다. 지방자치단체의 조례를 확인해야 한다. 건축법상의 도로가 되려면 허가권자가 도로를 지정·공고하여야 한다.

허가가 나와 있으면 무조건 좋은 땅인 줄 알았어요

토지에 투자할 때 많은 사람들이 하는 착각은 개발행위허가 나온 토지가 무조건 좋은 땅이라고 생각하는 것이다. 틀린 말은 아니지만 반드시 맞는 말도 아니다. 토지에 투자할 때 허가증을 보게 되면 그 허가가 무엇으로 나 있고 어떤 식의 공사를 해야만 하는지 파악해야 한다. 개발행위허가를 얻었다는 것만으로 그저 쓰임새 있는 땅일 것이라고 판단해서는 안 된다.

개발행위허가는 두 가지 조건을 갖추어야 허가가 나온다. 앞서 말해왔듯이 건축법상의 도로와 배수로가 있어야 하는 것이다. 그러나 개발행위허가증에는 허가의 종류와 허가 면적 등이 표시되지만 이 토지가 실제로 지면보다 얼마나 꺼져 있는지, 배수로의 위치가 해당 토지에서 얼만큼 떨어져 있는지 등은 표시되지 않는다. 다만 이 토지로 들어가는 길이 건축법상 도로이고 배수로 조건을 만족하기에 개발행위허가를 받았을 것이라고 판단을 할 수 있다. 실제로 나도 개발행위허가증을 보고 이 두 가지를 판단하는데, 그러나 허가 받은 내용대로 실제 공사를 하다 보면 예상치 못한 공사를 하게 되는 경우도 있었다.

한번은 이런 일이 있었다. 700평 정도의 밭을 매입했는데 그 밭은 이미 개발행위허가를 받은 상태여서 당연히 그 토지에 건물을 지을 수 있을 것이라는 판단을 하고 사들인 토지였다. 그리고 이미 허가가 나온 대로 공사를 시작했는데, 인근에 배수로가 없어 300m나 떨어져 있는 하천까지 배수공사를 하게 되어 있었다. 그 300m나 되는 길은 시

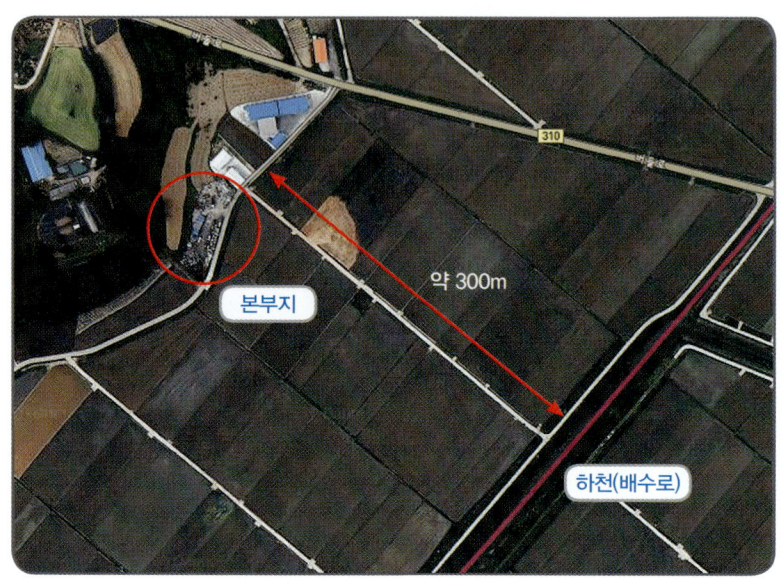

토지 인근에 배수로가 없어 농로를 파헤치고 공사를 해야만 하는 상황이다.

골의 농로였다. 농로의 중간을 파헤쳐 배수관을 연결해야 한다……. 순간 머리 속으로 많은 생각이 스쳐 지나갔다.

'이 배수로를 공사하기 위해 길을 막고 땅을 파면 길의 양옆으로 농사를 짓고 있는 분들이 과연 가만히 지켜보고만 있을까?' 하는 생각 등등. 그러나 이미 매입한 부지이다. 따라서 마음에 부담이 있었지만 일단 공사를 진행하게 되었다.

그런데 우려하던 사태가 일어나고 말았다. 이장님이 오신 것이다. 우선 상황을 공손히 말씀드렸다.

"저희가 여기를 매입해서 건물을 지으려는데 배수로가 저 끝에 있어서요, 배수관을 연결하고 있습니다."

"아니, 그런 공사를 하려면 마을에 이야기를 하고 해야지. 여기서 농사 짓는 사람들은 어디로 다니라고 이렇게 길을 막는 겁니까? 당장 중단 하세요."

하늘이 노래졌다. 이 사태를 어떻게 수습해야 할까?

방법은 하나뿐이다. 허가대로 공사를 진행하더라도 민원이 발생하지 않게 공사하는 수밖에 없다. 그렇다면 먼저 이장님을 우리 편으로 만들어야 했으므로, 일단 공사를 중단하고 이장님과 저녁식사 자리를 약속했다. 그리고 이장님의 이야기를 들으며 방법을 찾아냈는데, 마을의 발전기금을 내는 것이 그것이었다.

 공장에서 가까운 빌라인데도 세가 나가지 않아요

시골에 다가구 주택이나 빌라 등을 지어 분양하는 사람들이 여럿 있다. 시골이어도 다가구 주택이나 빌라가 많은 지역은 공장 근로자들이 너무나 많아서 어디를 가더라도 근로자가 없는 곳이 없다. 그렇다 보니 근로자들을 위한 다가구 주택을 활발하게 신축하고는 한다.

실제로 어느 건축업자가 다가구 주택을 지었는데, 인근 100m 반경 안에 공장이 밀집되어 있어서 집을 지으면 무조건 세가 나갈 것이라는 의견을 부정하는 사람이 아무도 없는 곳이었다. 그런데 준공을 받은 후, 한참이 지났는데도 불구하고 예상과는 달리 월세 세입자가 들어오지 않았다.

얼마 후, 공장단지와는 한참 거리가 있는 곳에 다른 건축업자가 다가구 주택을 짓게 되었다. 앞선 건축업자와 달리 이 다가구 주택은 준공이 나기도 전에 이미 월세 세입자를 다 구해 버렸다. 외려 이곳에 들어가기 위해 순번을 잡아놓고 기다리는 사람들이 있을 정도였다.

공장 주변에 지은 다가구 주택과 공장단지와 한참 떨어져서 지은 다가구 주택의 차이점은 과연 무엇이었을까?

다가구 주택을 지으려 할 때, 반드시 검토해야 하는 것이 있다. 도시가스가 연결되는 지역인지 알아보는 것이다. 시골지역에는 도시가스가 들어온 곳이 그리 많지 않기 때문에 자신이 일하는 곳과 아주 가깝지 않더라도 기름보일러가 아닌 도시가스를 이용할 수 있는 곳이 있다면 실수요자는 기꺼이 도시가스가 연결되는 집에 살고 싶어한다. 만약 시골지역에 다가구 주택을 지어 수익형 부동산을 만들려고 한다면 인근에 도시가스가 들어와 있는지를 반드시 확인해야 할 것이다.

건물이 없어도 도시가스 연결지역인지 확인할 수 있다
지역 도시가스 회사에 전화를 걸어 지번을 불러주면서 해당 토지 주변으로 도시가스가 연결되는지 확인하면 된다. 또한 이때 해당 토지까지의 연결 비용도 확인할 수 있다.

분양 받은 개발부지에 세금 폭탄을 맞았어요

전원주택 부지를 사려는 사람들을 많이 보는데, 분양 받는 방식에 따라 내야 할 세금이 다르다는 것을 아는 사람은 이들 가운데서도 많지 않다. 전원주택을 꿈꾸는 사람들의 대부분은 토지를 개발할 줄 모른다. 그러다 보니 소자본으로 전원주택 부지를 마련하여 건물을 짓고 난 다음 생각지도 않았던 엄청난 세금 폭탄을 맞고 굉장히 당황스러워할 수도 있다.

전원주택 부지의 개발 방식에는 크게 두 가지가 있다. 분양 방식과 개별 방식이 그것이다. 분양 방식은 개발업자가 한 덩어리 토지로 개발행위허가를 받은 뒤에 일반인에게 그 토지를 작은 평수로 나누어 분양하는 방법이다. 반면 개별 방식은 개발업자가 일반인들이 좋아할 만한 평수로 토지를 가분할 한 뒤 매수자의 이름으로 허가를 받아주면서 매매하는 방법이다. 일반인들은 이 개발방식에 따라 어떠한 차이점이 발생하는지를 모른다. 그렇기 때문에 일반인들은 이미 허가가 나와 있는 방식인 분양 방식을 선호한다. 즉, 개발업자가 한 덩어리로 허가를 얻은 부지를 매입하게 되는 것이다.

그러나 허가를 받아 놓은 토지를 매입할 때에는 한 가지를 알아두어야 한다. 그것은 추후에 건물을 짓게 되었을 때 개발부담금이라는 세금을 분양 받은 사람이 납부하게 된다는 것이다. 이 개발부담금은 개발에 대한 이익에 대한 세금인데, 규모가 적게는 몇 천만 원에서 많게는 몇 억 원에 이르기 때문에 분양을 받은 사람 입장에서는 상상하지 못한 경제적 손실이 발생하게 된다.

 개발부담금의 납부 기준은 개발부담금의 대상 사업일 때 부과된다. 이 사업을 결정짓는 기준은 최초 개발행위허가 당시의 면적이다. 개발업자가 토지를 한 덩어리로 허가를 받았다는 것은 최초 면적이 큰 규모였기 때문일 것이고, 개발부담금 대상 면적일 확률이 높다. 개발업자가 한 덩어리 토지로 개발행위허가를 받고 이후 가분할을 하여 매수자를 정한 뒤 작은 평수로 허가 변경을 할지라도, 이미 최초 개발행위허가 면적이 개발부담금 대상이기에 그 토지를 분양 받은 사람이 토지에 건물을 신축하게 되면 개발부담금을 납부해야 한다. 반대로 허가를 받지 않은 상태에서 토지를 가분할 한 뒤 매수자를 찾아서 '매수자 이름으로 허가를 받습니다.'라며 분양한다면, 이는 최초 개발행위허가 면적이 매수자가 개발부담금을 납부하지 않을 수 있는 작은 규모로 이루어질 것이다.

그러므로 토지를 분양 받고자 할 때에는 개발부담금의 부담 여부를 필히 확인해 보아야 할 것이다. 매수자 입장에서 개발부담금을 피하기 위해서는 매수자 앞으로 개발행위허가를 받는 개별 방식으로 분양을 받아야 한다.

> **개발부담금의 대상 사업**
> 최초 개발행위허가 당시 면적이 개발부담금 대상 면적에 해당되는지를 파악하여야 한다.
> **도시지역:** 990㎡ 이상
> **비도시지역:** 1,650㎡ 이상

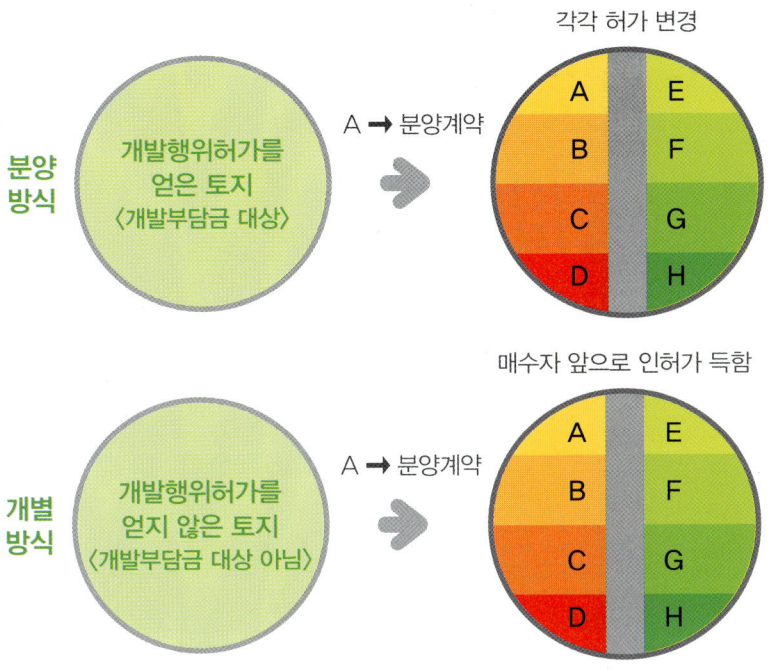

8 지적도와 측량 결과가 달라요

원칙은, 특별한 약정이 없는 한 현실의 경계와 관계없이 지적상의 경계에 따라 소유권의 범위가 확정되고, 그 소유권의 범위가 확정된 토지를 매매 대상으로 하여야 하는 것이 맞다. 그런데 토지를 살피다 보면 지적도의 측량 모습이 실제 현장에서 쓰고 있는 사실상의 경계와 다른 경우도 있다. 이런 경우 많은 송사가 생기게 되는데 실제 경계와 지적도의 경계가 다르다면 어떻게 판단해야 할까?

앞서 말한 원칙은 원칙이지만, 예외 사항이 있다. 기술적인 이유로 지적도의 경계선이 사실의 경계선과 다르게 작성되었는데 그 토지들이 전매되면서 거래당사자들이 사실상의 경계대로 토지를 매매할 의사를 가지고 거래한 경우에는 그 토지의 경계는 사실상의 경계에 의하여야 한다.

예를 들어 한 필지를 주택 부지로 개발하여 두 개의 동을 짓고, 사실상의 담을 쳐서 두 개의 부지로 분할하여 각각 A, B에게 분양을 했다고 하자. 그런데 이때 기술적인 이유로 인하여 사실상의 경계대로 지적도가 그려지지 않게 되었다. 그 후 A, B는 각기 C와 D에게 매매를 했고 C라는 사람이 경계측량을 하게 되었다. 그런데 C는 경계측량을 실시하면서 옆 건물과의 담이 지적도의 경계에 둘러져 있는 것이 아니라 지적도의 경계선 안쪽으로 쳐져 있는 것을 발견한 것이다. 이에 C는 내 토지 안으로 담이 쳐 있기 때문에 담 밖에 있는 자신의 땅을 찾아야 하며, 이를 위하여 다시 담을 치자는 이야기를 D에게 했다. 이 경우에 과연 C의 말처럼 할 수 있을까?

앞서 말한 바와 같이 원칙은 현황상의 경계와 상관없이 지적도의 경계를 소유권의 범위로 인정하는 것이다. 그러나 이와 같은 경우는 예외 사항에 속한다. 하나의 필지 위에 수 동의 건물을 짓고 건물의 경계에 담장을 설치하여 각 건물의 부지로 사실상 구획 지어져 그 부지들이 전매되면서도 매매당사자들이 사실상의 경계대로의 토지를 매매할 의사를 가지고 거래를 한 경우와 같이 특별한 사정이 있는 때에는, 지적도의 경계가 사실상의 경계와 일치하지 않게 되었을 때 그 토지의 경계는 사실상의 경계에 의하여야 한다는 예외 사항이 존재한다.

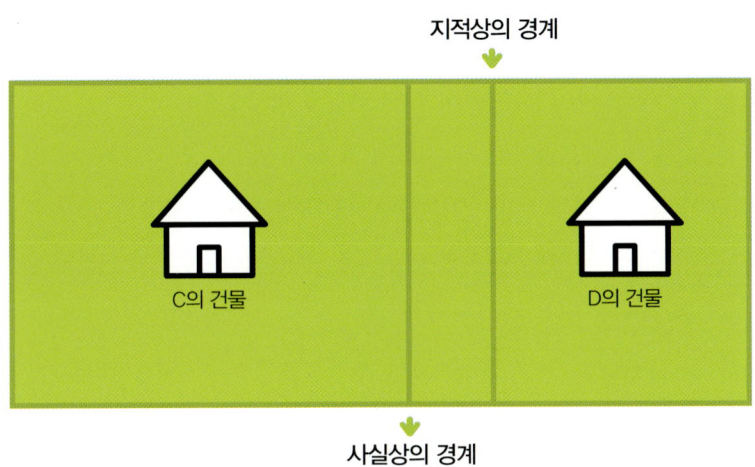

9 기재된 용도와 이용현황이 일치하지 않아요

토지이용계획원을 보게 되면 제일 먼저 그 토지의 지목을 살핀다. 지목을 보고 개발행위허가 비용을 파악해야 하기 때문이다. 그런데 간혹 이 땅을 농지로 보아서 농지전용분담금을 납부해야 하는지 아니면 산으로 보아 대체산림자원조성비를 납부해야 하는지를 판단하기 어려운 경우가 있다. 만약 농지전용분담금을 납부해야 하는 상황이라면 평당 공시지가의 30%를 세금으로 내야 하고 농지가 아닌 산으로 보아 대체산림자원조성비를 납부하게 된다면 평당 1만원 가량의 세금을 납부할 텐데, 지목과 현장이 이용 모습이 다른 것이다. 이는 지목뿐 아니라 현장 상황을 보고 농지인지 산지인지의 따져 계산해야 한다. 이 판단이 엄청난 세금 차이를 낳기 때문에 실무에서 해당 토지가 어떤 세금의 대상인지를 구별하는 것은 토지를 개발하는 데 있어 굉장히 중요하다.

예를 들어 지목이 임야인 5000평의 토지가 있고, 공시지가는 ㎡당 9만 원이라고 가정해 보자. 그런데 이 땅이 불법으로 개간되어 이미 농작물을 키우며 농지로 쓰여지고 있다면 우리는 이 땅을 산으로 보아야 할까, 아니면 농지로 보아야 할까?

만약 이 토지를 농지로 판단하게 되면 세금으로 농지전용분담금을 납부해야 하는데 약 4억 5000만 원 가량 발생할 것이고, 지목대로 산으로 보게 되면 세금으로 대체산림자원조성비가 5000만 원 가량 발생할 것이다. 이는 개발원가를 산정하는 데 있어 엄청난 차이를 가져온다. 그런데 이런 경우, 농지를 관리하는 농지법에서는 토지의 지목이 전, 답, 과수원뿐만 아니라 어떤 지목이더라도 실제로 농작물의 경작 또는 다년생 식물의 재배지로 3년 이상 사용되었다면 그 토지는 농지로 본다. 따라서 해당 토지가 3년 이상 경작되었는지, 즉 농지법상 농지라고 판단할 수 있는지 검토해야 한다.

그렇다면 앞으로 지목이 임야이고 그 토지가 불법으로 개간되어 농지로 쓰고 있는 모습을 보게 된다면 무엇을 확인해야 할까? 당연히 토지가 농지에 해당이 되는지를 꼭 확인하고 넘어가야 할 것이다. 지목만을 보고 개발행위허가비용을 적게 잡았다가 그 토지가 농지로 분류되

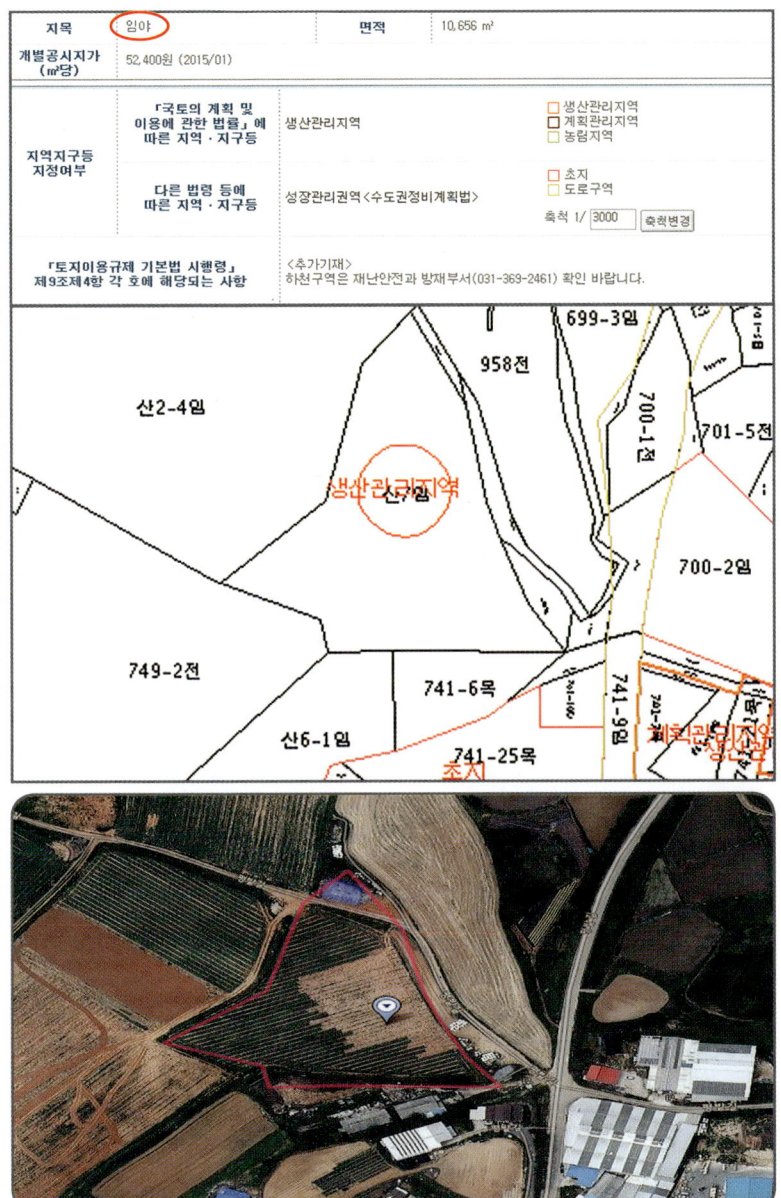

토지이용계획원(위)과 달리 불법 개간된 토지(아래)임을 알 수 있다.

어 농지전용분담금의 대상이 되게 된다면 예상치 못한 경제적 손실을 볼 수 있기 때문이다.

허가를 취소하려니 원상복구 하래요

토지거래허가구역 내에는 개발행위허가만 나 있는 부지가 많이 있다. 이때 일반인들이 미처 생각하지 못하는 것이 있는데, 개발행위허가를 접수하며 납부하는 농지전용분담금이나 대체산림자원 조성비는 허가를 취소하면 반환해 준다는 사실이다. 그래서 토지 시장에서 개발행위허가를 일부러 취소시키는 일도 많이 발생한다. 왜냐하면 농지 같은 경우, 세금인 농지전용분담금으로 평당 공시지가의 30%를 부과하므로 규모가 큰 농지이고 공시지가가 비싼 땅이라면 1억 원 가까이 발생하기 때문이다. 다만, 개발행위허가를 취소하려면 원상복구를 하여야 한다.

매일 토지를 보러 다니던 어느 날, 2차선 도로변에서 400평 짜리 임야를 보았다. 현장은 지목만 임야일 뿐이지 나무가 듬성듬성 심어져 있었다. 토목공사 할 것이 별로 없겠다는 생각이 순간적으로 들었다. 게다가 이 토지는 주택 부지로 개발행위허가를 받은 상태였다. 다만 2차선 도로변에 있었기에 주택 부지보다는 근린생활시설 2종으로 허가를 얻으면 더 좋을 것 같았기에 토목 사무실에 인허가 변경이 가능한지를 문의했다.

그런데 아차. 해당 토지는 개발행위허가 기간이 이미 만료된 상태였다. 따라서 토목 사무실에서는 인허가 변경이 어려울 수도 있겠다는 답변을 보내왔다. 다른 방법이 필요했다.

"그럼 허가 나와 있는 것을 취소시키고, 매수인 앞으로 신규로 허가를 받으면 안 되는 건가요?"

다행히 토목 사무실도 부정적이지 않았다. 그래서 새로운 계획을 세웠다. 우선 현재 주택 부지로 나 있는 개발행위허가를 취소시키고 매수자 이름으로 근린생활시설 2종인 제조장으로 신규 허가를 얻은 뒤 토지거래허가를 받고 소유권을 이전한다는 내용이었다. 계획이 섰으므로 계약 날짜를 잡고, 계약서에 특약사항으로 '주택으로 나 있는 개발행위허가를 취소시키는 조건으로 매도인의 토지사용승낙서를 받아 매수자의 이름으로 근린생활시설 2종 허가를 얻어 대출로 잔금을 지불한다.'고 명시하게 되었다.

그렇게 계약을 하자마자 매도인은 기존 개발행위허가의 취소 신청을 했다. 지목이 임야였기에 허가를 취소하게 되면 이미 납부한 대체산림자원 조성비를 환급 받게 될 터였는데, 임야는 조성비가 그리 크지 않기 때문에 이 비용은 매도인이 환급 받아가기로 구두 약속을 했다.

그런데 여기서 알아둘 것이 있다. 개발행위허가를 취소받기 위해서는 해당 토지 전체가 훼손되지 않았어야 한다. 다행히도 매도인은 허가만 받아 놓은 상태였지 어떠한 행위도 하지 않았다고 했기 때문에 나는 아무 문제 없이 허가가 취소되리라 생각했고, 결과만을 기다리고 있었다. 그런데 토목 사무실에서 전화가 왔다.

"김 이사, 허가 취소해 줄 수 없다고 하는데……."

"그게 무슨 소리세요? 허가를 취소해 줄 수 없다니요?"

"담당 공무원이 위성으로 현장을 보았는데 토지의 일부가 훼손되어 도로로 쓰이고 있대. 옆에 식당 있지? 그 식당에서 마당을 포장할 때 우리 땅을 조금 침범한 것 같은데."

그랬다. 위성사진으로 본 결과 옆의 식당 부지에서 마당을 포장할 때 이 토지를 침범하여 포장을 했던 것이다. 아무래도 경계를 토지 측량을 해서 그 식당 주인이 경계를 침범했다는 것을 인정하게 하고, 이쪽 토지에 세워진 입간판을 옮겨야 할 것 같았다. 따라서 우선 토지 측량을 신청했다.

며칠 뒤, 기다리던 측량 일정이 잡혀 현장으로 향했다. 식당 사장님께 토지 경계를 측량하기 위해서 왔으며 말뚝을 설치하여 확인시켜 드리겠다는 말씀을 드리고 측량을 시작했다. 측량 결과 위성에서 봤던 것처럼 정말로 매입한 토지 일부에 식당의 입간판이 서 있는 상태였고 해당 부분이 포장까지 되어 있었다. 다행히도 토지 경계를 확인한 식당 사장님께서는 입간판을 옮기고 포장도 뜯어주겠다는 말씀을 하셨고, 며칠 뒤 정말로 포장까지 철거해 주셨다. 이에 매도인에게 서둘러 허가 취소를 부탁했고 현장을 확인한 담당자는 기존에 받은 주택 부지로의 개발행위허가를 취소했다. 그리고 나는 토지사용승낙서를 받아 매수자의 이름으로 근린생활시설 2종의 제조장으로 새 허가를 얻었고 매수인 앞으로 소유권 이전을 할 수 있었다.

11 개발할 때 제일 무서운 것은 사람이에요

토지를 매입하고 개발행위허가를 받았더라도 동네의 민원 때문에 원하던 대로 토지를 이용하지 못하는 경우가 있다.

어느 날 고물상 할 수 있는 자리를 위한 토지 매입을 의뢰를 받았다. 그때만 해도 고물상으로 개발행위허가를 얻는 데 있어서 그리 큰 어려움이 없었기에 토지만 조건이 갖추어지면 된다고 생각했다. 그래서 적합한 규모로, 토목 공사량이 거의 없고 건축법상 도로와 배수로 조건을 모두 만족하는 토지를 찾았는데, 도로와 지면의 높이가 거의 같은 상태면서 진입로 또한 6m 폭으로 조성된 계획관리지역의 토지였다. 분뇨 및 쓰레기처리시설로의 허가를 받을 수 있는 토지였고 부지를 조성하는 데 필요한 공사 비용도 거의 발생하지 않을 만했다. 매수자 또한 그 부지를 매우 마음에 들어 했기에 계약을 진행했고, 매도자의 토지사용승낙서를 받아 매수자의 이름으로 분뇨 및 쓰레기처리 시설로의 개발행위허가도 신청했다. 한 달쯤 지나서 개발행위허가를 얻을 수 있었고 토지거래허가까지 받아 소유권 이전을 했다. 이제 남은 것은 부지 조성뿐이었다. 토목공사업자에게 공사 견적을 산출해 보아도 공사 비용이 그리 큰 금액이 아니어서 부지 조성은 무난하게 이루어지는 듯 보였다.

그런데 이때 돌발상황이 발생했다. 미처 염두에 두지 못한 것이 있었는데, 그것은 바로 민원이었다. 토지를 매입하면서 주변에 있는 주민들이 고물상을 반대할 것이라고는 생각하지 못했던 것이다. 해당 토지에 고물상이 들어온다는 소문이 돌면서 그 주변 일대 주민들 사이에서 이런 시설이 생겨서는 안 된다는 여론이 생기고 있었다.

그때만 해도 소유자가 자기 마음대로 토지를 활용한다는데 누가 저지할 수 있겠느냐는 생각을 하고 있었기에, 동네 사람들이 시설을 반대한다는 소리를 들었어도 그것 때문에 정말로 고물상을 운영하지 못할 것이라고는 생각하지 못했다. 그런데 고물상으로 부지를 조성하기 위해 공사업자와 매수자와 함께 현장에 갔을 무렵 동네 주민을 만나자 현실은 달랐다.

"고물상 못 하실 텐데요."

"네? 고물상을 못하다니요? 냄새 나고 그렇지 않습니다. 1톤 트럭 타고 폐지만 주울 거예요."

"그래도 이 시설은 못하실 겁니다. 이 동네가 양반들 사는 동네라서 집 짓는 것 말고는 허락하지 않을 겁니다."

"어르신, 제 땅에 고물상을 하겠다는데 왜 동네 분들 허락을 받아야 합니까?"

"아무튼 그렇게 아시고요. 생각도 하지 않는 것이 좋을 겁니다."

그 말을 듣고 사무실로 돌아와서도, 개발행위허가를 받았는데 설마 소유자 뜻대로 토지를 이용하지 못할까 싶어 매수인에게 걱정하시지 말라는 말씀을 드렸다. 그런데 며칠이 지나서 시청에서 연락이 왔다.

"동네 분들이 고물상을 반대하고 있기 때문에 민원을 해결해 주셨으면 좋겠습니다."

설마설마 했던 일이 현실이 되는 순간이었다. 설득을 하려고 주민들을 찾아가고 노력했지만, 민원의 목적이 어떤 금전적 대가를 바란 것이 아니고 고물상이라는 시설 자체를 반대한 것이었기에 시간이 지나도 해결책을 찾지 못햇다. 이 매수자는 고물상을 운영하기 위해 토지를 매입했지만 결국 동네의 민원 때문에 지금까지도 이것을 운영하지 못하고 계신다. 민원은 정말로 무섭다.

5 토지를 개발할 때 수익을 더 내려면

1 토지의 매력을 높이는 방법

7,8년 전쯤의 토지 시장의 분위기는 매우 좋았다고 해도 과언이 아니다. 그때 토지 중개업자들끼리 했던 말을 아직도 기억하고 있다.
"이 동네 땅은, 길만 붙어 있으면 1년만 지나면 따블이야."
당시에는 길에만 붙어 있는 땅이면 매입한 뒤 1년 정도가 지나 정말로 가격이 두 배가 되었던 시절이었던 것 같다.
한창 토지 중개에 몰두하던 어느 날이었다. 토지를 매입했던 사람이 부지를 조성하여 3개월 만에 매도하는 모습을 보게 되었다. 그것도 나의 예상을 훨씬 뛰어넘는 가격으로. 그때의 충격은 내가 토지 개발을 생각하게 된 계기가 되었다.
"제조장으로 허가 날 만한 땅이 있을까요? 제가 개발업자인데 여기에 공장 부지를 조성하면 잘 팔릴까요? 허가는 잘 나올까요?"

"요즘 공장 부지 찾는 분들이 많으셔서 부지만 잘 조성해 놓으시면 금방 파실 수 있을 거에요. 허가가 나올 수 있는지 없는지는 잘 모르겠지만 나온 땅은 있는데 한번 보실래요?"

그때까지는 공장 부지를 개발해 본 적이 없었지만 하루에도 몇 통씩 공장 부지를 물어보는 전화를 받았으므로 개발업자의 물음에 그렇게 답했던 것 같다. 나는 개발업에 대한 지식이 없었기 때문에 그저 토지를 매매하는 것에만 관심이 있어서 여러 필지의 땅을 보여드렸다. 마침내 이 매수자는 한 개의 필지를 골라 매입하겠다는 의사를 밝혀 왔다. 나는 그저 중개를 달성했다는 것이 매우 기쁠 뿐이었다.

한편, 개발업자라던 매수자는 토지를 매입한 뒤 처음 질문대로 매수자의 이름으로 제조장 개발행위허가를 받았다. 그리고 허가증을 첨부하여 토지거래허가를 얻은 뒤 소유권 이전을 했으며, 매입한 토지에 바로 토목공사를 시작했고 마침내 부지를 조성해 두었다.

토지가 이렇게 바뀔 수 있구나 하는 생각하던 참에, 매수자는 부지를 조성한 지 3개월이 되기도 전임에도 다시 땅을 매물로 내 놓았다. 내가 있던 부동산 사무실에도 그 물건의 매도를 부탁했다. 당시에 공장 부지를 찾는 전화가 많이 왔었기에 나는 그때마다 이 매수자에게 전화를 걸었다. 그 토지를 내가 매입해 드렸기 때문에 원가를 대충은 알고 있었으므로, 적당한 금액을 제시하며 매도 여부를 물어보았다.

그런데 그때마다 토지 주인인 매수자는 높은 가격을 요구했고 번번이

거래가 성사되지 않았다. 나도 몇 번의 거절을 당한 뒤에는 더 이상 그 토지에 관심을 가지지 않게 되었다.

그렇게 두 달쯤 흘렀을까. 또 공장 부지를 찾는 손님의 전화가 왔다. '아 맞다. 그 부지가 있었지'라는 생각에 개발업자인 토지주에게 전화를 걸었다.

"사장님, 공장 부지로 조성해 놓은 땅 팔렸나요?"

팔렸겠어? 하는 생각으로 형식적으로 뱉은 말이었다. 그런데 수화기 너머에서 들려오는 말은 의외였다.

"그 땅 판지가 언젠데요. 너무 늦게 전화하셨어요."

"얼마에 파셨는데요?"

"지난번에 말씀드렸던 금액대로 팔았는데요."

놀라지 않을 수 없었다. 매수자가 그 땅을 매입한 지 얼마 되지도 않았는데 벌써 팔았다니, 게다가 내가 안 팔릴 것이라고 여겼던 금액으로 팔았다니 말이다. 그 때 생각했다. 토지를 개발하는 것이 얼마나 매력적인 일인지를.

부동산 시장도 매도와 매수가 존재하여야만 거래가 일어난다. 따라서 수요가 많다면 물건의 값은 올라가기 마련이다. 토지에 투자한다는 것은 가치를 내포하고 있는 원석을 발견하여 그 가치를 발할 수 있게 만들고 그에 대한 대가를 받는 일일 터이다. 이 과정에서 토지의 가치가 드러나도록 혹은 커지도록 조성하는 토지개발 기술을 배워야 한다.

물론 토지에 투자하여 이렇게 하지 않고도 수익을 올린 사람들은 많다. 하지만 그 사람들의 대부분은 불확실한 미래에 배팅을 했는데 어떻게 보면 운이 좋아서 수익을 본 경우가 많다. 그러나 요즘 사람들은 불확실한 미래에 투자하는 것을 좋아하지 않는다. 많은 수익이 남지 않더라도 투자의 내용과 결과에 대하여 예상할 수 있기를 바란다. 그런 수요에 부응하기 위해서는 토지를 매입하려 할 때부터 철저한 계획이 수반되어야 한다. 우선 토지를 보고 어떠한 가치를 가지고 있는지를 검토해야 하며 누구에게 팔 것인지를 생각해 보아야 한다. 토지에 투자하는 사람들이라면 그 토지의 가격을 생각하기 전에 먼저 그 땅의 특성을 정확히 파악할 수 있어야 할 것이며, 적절한 토지개발 기술을 결합해야 할 것이다.

조성비가 면제되는 땅은 법률로 정해져 있다

기회는 사람마다 3번 온다고 한다. 그런데 내가 그것을 느끼지 못했을 때에는 기회가 찾아와도 그냥 지나치게 된다.

중개업소를 연 지 얼마 되지 않았을 무렵, 중개업 사전교육을 받으며 친해졌던 사장님이 투자할 만한 땅이 있느냐고 전화를 걸어 왔다. 마침 주거지역이면서 200평 규모인 토지가 있었다. 그 토지 앞으로 도시계획도로가 예정된 상태였고 토지 모양도 네모반듯했다. 게다가 평당 75만 원에 나와 있어서 금액 또한 그리 비싸지 않았다. 토지 지번을 사장님께 가르쳐 드렸는데 그 뒤 얼마 지나지 않아 땅을 보러 오신다는 전화를 받고, 함께 현장으로 향했다.

2차선 도로에서 4m 되는 작은 마을 길을 타고 200m쯤 갔을까? 토지 앞에 도착할 수 있었다. 그런데 이 사장님, 내가 알아듣지 못하는 말씀을 하신다.

"이 땅, 주거지역으로 지정된 시기가 언제쯤인가요? 주거지역이 지정된 지 오래 됐으면 농지조성비가 면제 된다고 하던대요. 땅은 참 좋네요."

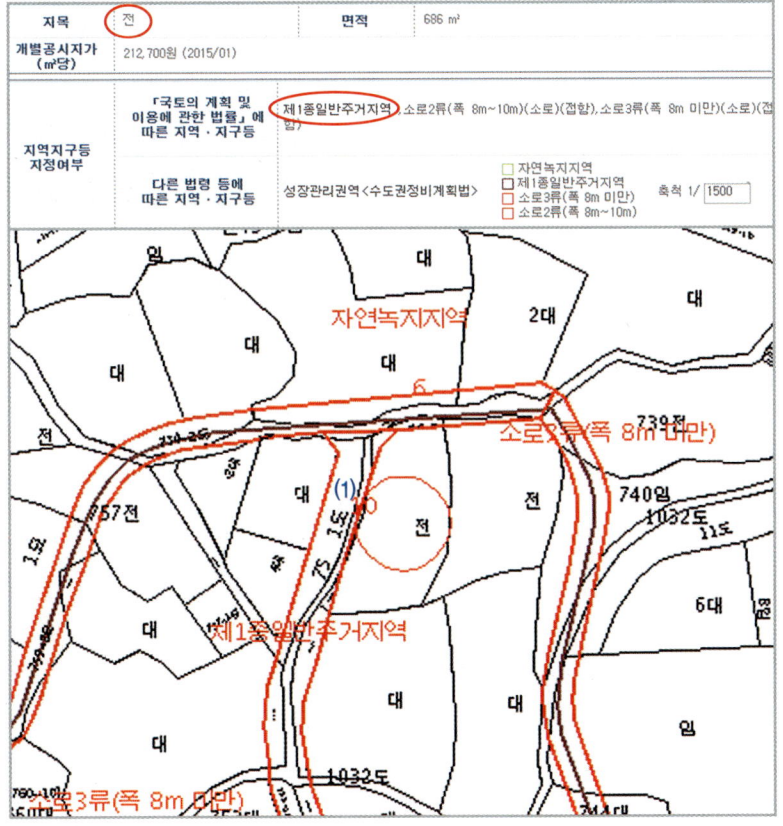

1부 비도시지역에서 수익 올리기 **137**

"네? 그건 잘 모르겠는데요……"

그렇게 헤어지고 그 사장님이 매매 계약을 하겠다고 연락을 하셨다. 계약은 무사히 치를 수 있었다.

하지만 그때의 나는 알지 못했다. 이 토지는 농지전용을 하여 개발행위허가를 받아야 했는데, 당시에 농지조성비라 불렸던 세금인 농지전용분담금이 면제 되는 땅이었던 것이다. 왜냐하면 1981년 7월 29일까지 협의를 거쳐 주거지역·상업지역·공업지역으로 지정된 농지를 전용하는 경우 농지조성비를 부과하지 않기로 법률로 정했기 때문이다. 이 땅의 용도지역은 1981년도 이전부터 주거지역이었다.

토지이용계획확인원의 도시계획도로(1)가 개설되었다.

계약하고 일주일이 지났을까? 또 다른 놀라운 일이 일어났다. 그 토지 앞에는 빨간색 선으로 2차선 규모의 도시계획도로가 예정되어 있었는데, 현장을 가보니 그 2차선 도로를 개설하고 있었던 것이다. 어떻게 이럴 수가 있지? 계약이 성사되자마자 토지 앞으로 길이 나 버리다니. 그때의 기분을 뭐라 표현할 수가 없다. 매수자인 사장님은 기쁜 마음으로 잔금을 지불하고 명의 이전을 해 갔다.

지금에서야 생각하는 것이지만 그때 그 시기는, 나에게 기회라는 것이 온 순간이었던 것 같다. 처음으로 나에게 찾아왔던 기회. 그런데 나는 그것이 기회인 줄 몰랐다. 그 땅은 토지거래허가구역의 주거지역이기 때문에 토지거래허가대상도 되지 않았으며 땅 모양도 네모반듯했고, 지목이 전이었기에 도로와 평행하므로 성토를 할 필요가 없었으며 그에 따른 구조물 공사비도 들어가지 않았고 또한 농지조성비까지 면제되는 땅이었다. 게다가 도시계획도로가 금방 뚫리는 토지였는데, 그런 토지를 보았음에도 불구하고 내가 살 생각을 안 했으니 말이다. 만약 그런 토지가 지금 내 앞에 나타난다면 빚을 내서라도 무조건 구입할 것이다.

'기회는 준비되어 있는 자에게 온다'.

토지거래허가구역 토지, 외지인도 살 수 있다

 일반 사람들은 토지거래허가구역으로 묶인 토지는 외지인이 절대 거래할 수 없을 것이라고 생각한다. 하지만 그렇지 않다. 토지거래허가라는 것은 투기수요를 억제하겠다는 취지이지 실수요자까지 토지를 매입하지 못하게 만들겠다는 것이 아니다.

 나는 작은 시골 마을에서 전원주택 부지의 용도로 적합한 땅을 발견했다. 이 땅은 시세보다 매우 저렴하게 나와 있어서 그 이유를 알아보니 소유자가 사정이 급해 빨리 정리하려 한다고 했다. 이 토지는 개발이 아닌 실수요를 위한 용도로 보였기에 전원주택 부지를 찾는 지인에게 자연스럽게 토지를 소개하게 되었다. 평수가 아담하고 방향이 좋으며 진입도로 또한 잘 조성되어 있었으므로 지인도 매입 의사를 밝혔. 당시 이 지역은 토지거래허가구역이어서 토지거래허가를 받아야 계약이 완성되었다. 따라서 외지에 주소지를 두고 있던 매수자는 토지거래허가를 받을 방법이 필요했다. 이럴 때에는 실수요자 입장에서 풀어가야 한다. 즉, '나는 이 농지를 취득하여 농사를 지을 것이 아니고 이 토지에 건물을 지어서 거주하려는 것입니다.'라고 관할기관에 신고를 하여 토지거래허가를 받는 것이다. 이에 건물을 짓고 거주하는 것을 말로만 주장하지 말고 그 말을 입증할 만한 서류를 제시해야만 하는데, 그 서류가 개발행위허가증이 된다. 원칙상 토지거래허가구역에서의 거래는 계약하기 전에 매도인과 매수인이 시·군·구에 토지거래허가 신청을 하여 먼저 토지거래허가를 받아야 하고 그 다음에 거래 계약서를 작성해야 한다.

하지만 실무에서는 이 원칙대로 거래하기 힘들다. 계약금을 걸지 않은 상태에서 서로 날짜를 잡고, 허가가 나올지 안 나올지 모르는 토지거래허가신청을 먼저 하는 것은 실무에서는 거의 불가능한 일이다. 따라서 다른 형태로 거래가 이루어진다.

- 매도인과 매수인이 거래계약서를 작성한다.
- 중도금이 없는 것이 보통이며, 대개 계약금 지불 후 토지거래허가를 받고 잔금을 치룬다.
- 계약서 특약사항에 토지거래허가를 받는 조건을 넣어, '토지거래허가를 득하면 본 계약은 유효한 계약이나 허가를 득하지 못하면 본 계약은 무효로 하며 매수인이 기 지급한 계약금은 불허가 통보를 받은 날로 3일 이내에 반환하기로 한다.'라는 특약사항을 적는다.
- 매수자는 외지인이기에 지금 소유자(매도인)의 토지사용승낙서를 받아 그 토지사용승낙서를 통해 매수자 이름으로 개발행위허가 신청을 넣는다.

이 땅 역시 토지거래허가를 받기 위해 매도인의 토지사용승낙서를 요구하게 되었다.

드디어 계약 날. 계약을 하러 오신 분은 아주머니였지만 이 토지는 남편 명의로 되어 있었다. 다행히 이 매도인은 명의자의 위임장은 챙겨오셨기에 계약은 할 수 있었지만 토지사용승낙서를 받아야 한다는 우리의 말에 토지사용승낙서 및 인감은 일주일 안에 해 주겠다는 특약사항을 계약서에 적고 거래를 했다. 계약금이 오고 갔고, 그때만 해도 나와 매수자는 이제 부지를 어떻게 조성할 것이며 공사 비용이 얼마나 들어갈 것인지를 상의하며 크게 걱정하지 않았다.

그런데 약속했던 일주일이 다 되어 가는데 매도인으로부터 연락이 없었다. 불안한 마음이 들기 시작했다. 전화를 해도 매도인인 아주머니가 전화를 받지 않는다. 머리 속에는 나를 믿고 계약금을 건네준 매수자의 얼굴이 떠오르고, 매도인과는 연락이 안 되고……. 한마디로 미치고 팔짝 뛸 지경이었다. 하루에 한 번씩 전화를 계속해 보아도 매도인과 연결이 되지 않았다. 계약을 안 하실 거라면 "없던 일로 합시다." 하면 되지 왜 전화를 받지 않는지, 온갖 생각이 다 들었다. 결국 계약서에 써 있는 매도인의 주소로 찾아갔다. 그러나 아무리 초인종을 눌러도 인기척이 없다. 관리사무소로 향했다.

"저희가 이 아주머니 땅을 산 사람인데 도무지 연락이 안 됩니다."

관리사무소를 통해 연락해도 신호는 가는데 아주머니는 전화를 받지 않았고, 몇 날 며칠을 찾아갔지만 집에 인기척이 전혀 없었다. 애꿎은 핸드폰만 계속 만지작거리며 다시 시간이 흘러 갔다.

불안함에 밥을 먹어도 무슨 정신으로 밥을 먹는지도 모르고 있던 어느 날, 드디어 그 매도인 아주머니에게서 전화가 왔다.

"아니 어떻게 되신 거에요? 계약 진행이 힘들면 말씀을 해 주시면 되지, 왜 이렇게 연락이 안 됩니까? 기다리는 사람도 생각을 해 주셔야죠. 어쨌든 계약은 어떻게 하실 건가요?"

"죄송합니다. 사정이 있었어요. 그게……. 사용승낙서를 못 드릴 것 같습니다. 죄송합니다. 계약은 없던 걸로 해야 할 것 같습니다."

채 몇 분이 돼지 않아서 계약금은 매수자에게 입금이 되었다. 그러자 좀 정신이 들었고, 이유가 궁금해지기 시작했다.

"사실은……. 남편한테 땅을 팔려면 토지사용승낙서가 필요하다고 아무리 이야기를 해도 남편이 이해를 못해요. 그렇게 땅을 팔려거든 하지 말라고 해서요. 줄곧 설득하려고 했는데도 안 되네요. 설득하는 중이어서 연락을 못 드렸어요. 죄송합니다. 워낙 고지식한 사람이어서요."

그랬다. 명의자인 남편은 토지거래허가구역에 대해 알지 못했다. 그러니 외지인이 토지거래허가를 받기 위해서는 개발행위허가가 먼저 이루어져야 하고 그 과정에서 매도인의 토지사용승낙서가 필요하다는 것을 이해하지 못했던 것이다. 그 뒤로, 나도 토지거래허가구역의 토지를 계약할 때에는 계약 시에 토지사용승낙서를 받게 되었고, 계약금 지급 시 토지사용승낙서를 못 준다는 말을 듣게 되면 받을 수 있는 경우에 한하여 계약을 진행하게 되었다.

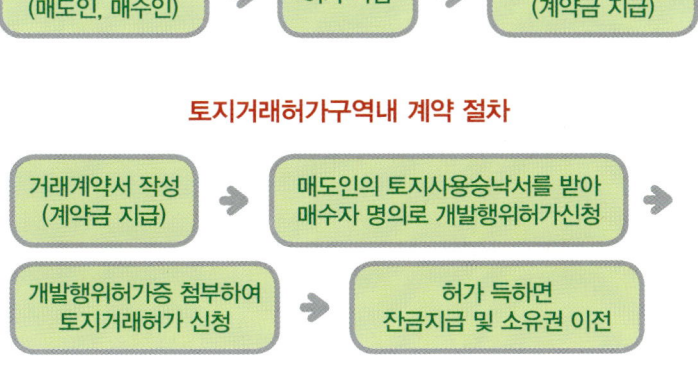

투자 시간과 개발 비용을 줄이자

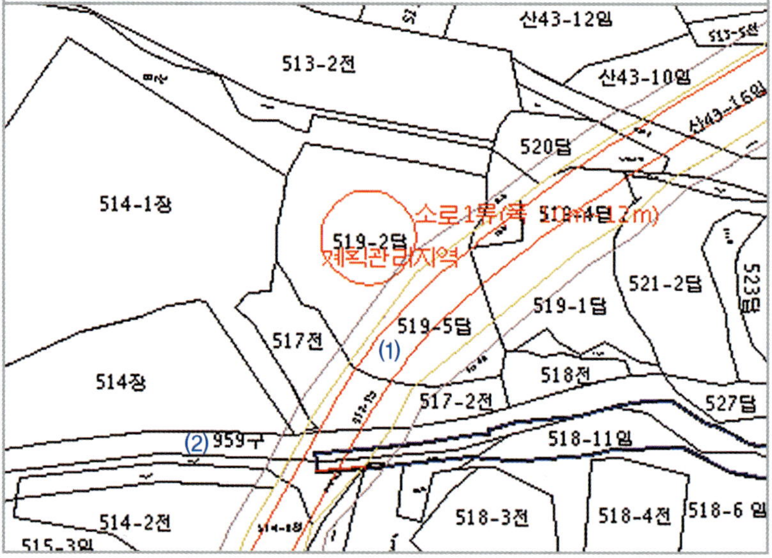

토지의 매수 이후 매도까지의 기간과 비용을 줄이는 것은 수익률과 직결된다.

위 토지의 지목을 보면 답, 즉 논이다. 농지이기에 개발행위허가를 받으려면 농지전용 및 개발행위허가를 얻어야 한다. 면적은 2,145㎡, 약

650평이어서 세금인 농지보전분담금으로 약 5200만 원, 토목 설계비 650만 원 정도가 인허가 비용으로 들어가게 된다.

개발행위허가를 받을 수 있는지 조건을 검토하면 먼저 건축법상 도로가 있는지 살펴보아야 하는데 토지 앞에 빨간 선으로 표시된 큰 도로(1)가 지나는 것이 보인다. 접도구역이 설정되어 있기에 2차선 이상의 도로일 것이다. 또한 지목이 구거인 부지(2)가 있으므로 도면상으로 법정 배수로를 확인할 수 있다. 또한 용도지역이 계획관리지역이기에 개발부담금 대상 면적인지 살펴야 한다. 비도시지역의 토지는 1,650㎡ 이상일 때 개발부담금 대상이 되는데, 이 토지는 2,145㎡로서 개발부담금 대상이 되는 토지라는 것을 알 수 있다. 개발업자입장에서 보면 개발부담금 대상인 땅은 건축 준공에 따른 세금이 발생하기에 웬만하면 건축은 염두에 두지 않는 개발을 해야겠다는 판단이 선다.

위성사진을 보면 진입로 조건이 매우 훌륭하며 인근에 배수로도 확보된 상황이고 주위 필지가 공장 부지(1)로 이용되는 점을 감안할 때 이

토지 옆에 큰 도로와 커다란 공장시설이 들어와 있는 것을 볼 수 있다.

토지를 공장 부지로 조성하면 될 것이다.

그렇다면 이 토지를 공장 부지로 만들기 위한 절차를 생각해 보겠다. 개발행위허가를 받을 때 도시계획심의 대상이 되는 시설들이 있는데, 공장 시설이 그런 사업이다. 도시계획심의가 되는 시설을 개발업자가 꺼리는 이유는 도시계획심의를 거치게 되면 인허가 기간이 늘어날 뿐만 아니라 개발행위허가 비용에 도시계획심의 비용이 추가되기 때문이다. 즉, 시간적으로나 경제적으로 더 부담이 된다. 따라서 실무의 개발업자들은 이를 다른 방법으로 진행한다. 어떤 식으로 공장 부지를 만드는 것일까?

개발행위허가의 시설군 가운데 근린생활시설 2종인 제조장이라는 시설이 있다. 제조장 시설은 공장 시설이기는 하더라도 규모가 작은 공장을 의미할 것이다. 개발행위허가를 얻을 때 공장설립승인에 의한 공장 시설로 허가를 얻게 되면 도시계획심의를 받게 되어 시간적으로 경제적으로 부담이 증가하게 되지만, 근린생활시설 2종의 제조장으로 허가를 얻게 되면 도시계획심의를 거치지 않고 개발행위허가를 받을 수 있다. 이렇게 하면 허가 기간을 단축시키고 비용을 줄일 수 있기에 개발업자들에게는 좋은 방법이 될 수 있는 것이다.

이 토지 역시 용도지역이 계획관리지역이라 일단 공장시설이 가능한 용도지역이며 2차선 도로와 접하고 있어 진입로 조건도 굉장히 훌륭하므로 근린생활시설 2종 제조장으로 허가를 받으면 도시계획심의를 거치지 않을 수 있다. 다만 개발부담금 대상이 되는 면적이기에 부지 조성까지만 한 후에 매도하는 방향으로 전략을 세우면 될 것이다.

현장 상황을 보니 지면이 도로와 비슷한 높이이다.

로드뷰에서 오른쪽에 보이는 해당 토지의 모습을 보자. 지목이 논이라서 도로보다 땅이 꺼져 있을 수 있다고 생각했지만 지대가 평탄하여 부지를 조성하는 데 있어 성토·절토나 그에 따른 구조물도 거의 필요하지 않아 보인다. 다만 이 토지 앞이 2차선 도로로 보이므로 도로점용허가를 받아야 할 것이며, 그에 따른 가감속차선공사가 수반이 되어야 할 것이다. 또한 도로를 타고 구거가 있는 쪽까지 배수로를 확보해야 할 것으로 보인다. 따라서 부지 조성에 있어 개발 비용의 대부분을 개발행위허가와 가감속차선 공사 비용이 차지할 것이다.

이 토지는 저렴한 공사 비용과 진입 조건이 장점이기에 토지를 매입하여 공장 부지로 조성하면 될 것으로 판단된다. 또한 대지 면적이 2,145㎡인 계획관리지역의 땅이기에 건폐율이 40%이므로, 제조장 시설은 불가능하다. 제조장은 500㎡를 초과하여 설치할 수 없기 때문이다. 그러나 토지를 2개의 필지로 분할하여 분양하면 제조장으로 개발행위허가를 받을 수 있고 분양도 빠르게 이루어질 것이라고 판단된다.

근생2종 제조업소
- 공장 시설에 해당하면서도 근생 2종 시설은 도시계획 심의를 받지 않는다.
- 건축물의 규모를 500㎡미만의 시설만 건축이 가능하다.

5 매입할 때에는 토지를 처음 사는 사람처럼 행동하라

토지를 매입하려 할 때에는 토지를 처음 사는 것처럼 하자. 괜히 아는 척을 하면 일을 그르칠 수 있다.

전원주택 부지를 개발하려는 사람이 부지를 물색하다 800평 규모의 토지를 발견했다. 이 토지는 인근에 마을이 형성되어 있었고, 지목이 전이면서 직사각형 모양의 땅이었다. 도로를 기준으로 전면은 그리 넓지 않았고 안쪽으로 길게 생겼으며, 현장에서 토지를 보니 마을 길에 길게 붙어 있었다. 토지의 생김새로 보아 마을 길을 기준으로 200평 단위로 4등분을 하면 참 좋겠다는 생각이 들었다. 또한 지목이 전이기에 도로와 지면의 높이가 비슷했으며, 인근에 구거가 흘러가고 있었으므로 개발행위허가가 가능한 토지였다. 게다가 가격도 비싸지 않았다. 함께 간 개발업자는 매우 만족스러운 표정을 지었다. 아니나 다를까

개발업자의 입에서 '계약합시다.'라는 말이 나왔다.

드디어 계약 날, 노년의 부부가 함께 사무실 문을 열고 들어오신다. 매도인이었다. 개발업자인 매수인은 나에게 계약을 위임한 상태였기 때문에 바로 계약서를 써 내려 가기 시작했다.

그런데……. 계약서를 쓰면서 등기부등본을 보니, 양도세 감면 조건인 8년에서 계약 시점에 1년이 모자란다는 것을 발견했다. 7년 동안 자경 중인 토지여서 1년만 있으면 되는데 아까웠다.

토지의 양도세 규정에는 감면 조항이 있다. 그중 하나가 8년 자경농지에 대하여 양도세를 감면해 주는 것이다.

순간 떠오르는 묘안이 있었다. 매도인에게 등기를 계약 후 1년이 지난 다음에 가져가겠다고 제안하는 것이었다. 등기를 하는 시점이 1년 뒤가 된다면 매도자는 양도세를 감면받을 것이고, 매수자는 그동안 자신의 이름으로 개발행위허가를 받아 잔금을 치르기 전에 분양을 하면서 실수요자에게 등기를 줄 수 있겠다는 생각에서였다. 나는 조심스럽게 말을 꺼냈다.

"사모님, 제가 등기부를 보니까 1년만 더 보유하시고 계시면 8년 자경농 자격이 되시네요."

"8년 자경농이요? 그게 뭔가요?"

"토지 세금 관련 제도 중에 8년 동안 자경을 하시면서 보유하신 토지의 경우에는 매도하실 때 양도세를 감면해 주는 조항이 있습니다. 그래서 저희가 이 땅을 지금 매입하지만 등기는 1년 뒤에 가져가도록 하겠습니다. 사모님은 양도세를 감면 받으실 것이고, 매수인은 개발업자여서 그동안 실수요자를 잡아 토지를 분양하여 토지대금을 납부할 수 있기 때문에 두 분 모두에게 좋은 조건이 될 수 있습니다."

나는 그 말을 하면서 매도인과 매수인 양측에게 정말 유익한 조건의 계약이 될 수 있을 것이라는 생각이 들었다. 그런데 기대와는 전혀 다른 상황이 일어났다.

"잠깐만 통화 좀 하고 올게요."

심상치 않다. 계약서를 쓰다 말고 매도인은 사무실을 나가 심각하게 통화를 했다. 순간, 무언가가 잘못 돌아가고 있구나 하는 것을 느낄 수 있었다. 전화 통화를 끝내고 매도인이 들어온다.

"알아보니까 1년만 더 있으면 제가 이 땅의 양도세를 감면 받을 수 있다고 하네요."

"그것 보세요. 제 말씀이 맞죠? 매수인이 1년 뒤에 등기를 가져가도록 만들어 드리겠습니다. 걱정하지 마세요. 특약사항에도 그렇게 써 드리겠습니다."

"아니요. 그냥 1년 지나고 다시 팔겠습니다. 죄송합니다."

띵……. 망치로 머리를 한 대 맞은 느낌이랄까. 굉장히 당황할 수밖에 없었다.

"그러시지 않아도요 사모님, 저희가 지금 계약을 해도 등기는 내년에 가져간다니까요?!"

"아니에요. 죄송합니다."

그렇게 노년의 부부는 사무실 문을 열고 나갔다.

자경 농지 양도세 감면 기준

"8년 이상 재촌하면서 자경한 양도일 현재 농지를 양도하는 경우 양도소득세를 감면한다."

농지 소재지에 거주하는 사람이 토지를 양도할 때까지 8년 이상 자신이 경작했다면 양도소득세를 100% 감면 받을 수 있다. 다만 자경 기간 중 사업소득금액과 근로소득금액의 합계가 3700만원 이상인 경우에는 농사를 직접 짓지 않는 것으로 추정하므로 유의해야 한다.

측량 면적이 달라질 때 대처하는 법

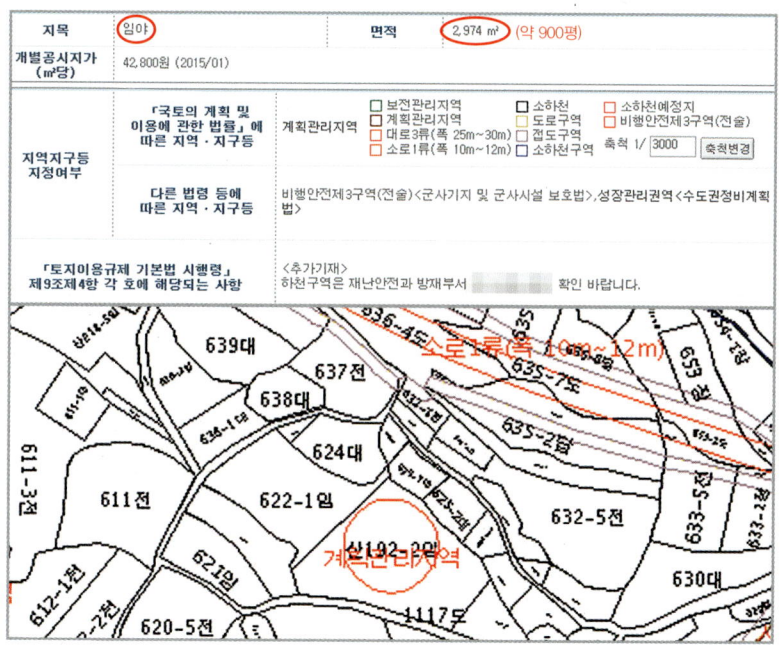

등록전환 전인 임야는 개발행위허가를 받는 과정에서 등록전환 측량을 하면서 면적의 가감이 생기게 된다. 그렇다면 매수자와 매도자 사이에 다툼이 생길 수 있다.

지목이 임야인데 지적에서 '산'이라는 글자가 보이기에는 등록전환 전 임야라는 것을 알 수 있다. 면적은 2,974㎡, 약 900평이다. 이런 경우 매입 계약서에 ㎡당 금액을 적고 특약사항으로 '등록전환 측량으로 면적의 가감이 생길 때에는 매매 금액도 그에 맞게 조정한다.'라고 반드시 넣어야 할 것이다. 혼란은 미연에 방지하자.

> **등록전환 전 임야 매입 시 계약서 잘 쓰는 법**
> - ㎡당 금액을 적는다.
> - 특약사항으로 '위 번지 등록전환으로 면적의 가감이 생길 시에는 그에 준하여 매도금액도 조정하기로 한다.'라고 기입한다.

수요가 꾸준한 토지를 찾아라

경기가 좋든 안 좋든 늘 팔리는 토지……. 그런 것이 있을까? 중개업을 하다 보면 그런 땅이 있다. 토지는 싸다고 해서 좋은 땅이 아니라 그 가치를 가지고 있어야 한다. 여러 번 강조했듯, 토지의 용도는 토지의 가치를 말해 주는 중요한 요소다.

토지에 투자를 하고 싶어하는 지인이 있어 나는 공장 부지를 소개했다. 보통 사람들이라면 공장 부지는 공장을 하는 사람들이 찾는 땅이 아니냐고 물어볼 수 있다. 그것은 맞는 말이면서도 맞지 않는 말이기도 하다.

토지 시장에서 경기에 민감하지 않는 분야가 있는데, 바로 공장 부지 매매이다. 공장을 운영하는 사장님들은 당연히 자기의 공장을 갖고 싶어한다. 헌데 당신의 토지를 구매하려 보면, 경기가 좋을 때에는 공장 부지의 값이 너무 비싸다. 그러나 이때에도 그 공장 부지가 팔리지 않는 것이 아니다. 공장을 운영하는 사람은 너무 많고, 경기가 호황일 때에는 더군다나 시설을 확장하려 하기 때문에 높은 값에도 공장 부지는 팔리는 것이다. 반대로 경기 좋지 않을 때를 생각해 보자. 투자자들은 위축되게 마련이지만 공장을 운영하는 입장에서는 상대적으로 저렴한 값에 공장 부지를 소유할 수 있기에 이에 대한 거래는 줄어들지 않는다.

그래서 나는 지인에게 공장 부지를 소개했다. 500평 미만이라 소규모이면서 개발행위허가를 제조장이 아닌 공장 설립 승인으로 받았으며, 주변을 보았을 때 앞으로 공장 부지를 조성할 만한 토지가 존재하지 않았기에 적극적으로 이 부지의 매입을 권유했다. 지인은 이 말을 믿고 이 토지를 사들였다. 그렇게 1년쯤 지났을까? 매수자로부터 매도 의뢰를 받았다.

"김 이사, 이제 이 부지를 팔 수 있을까?"

"물론이죠. 현재 공장 부지 물량이 매우 부족한 상황이기 때문에 좋은 값에 매도할 수 있을 것 같습니다."

"그럼 얼마에 내 놓으면 될까?"

"사장님이 생각하시는 금액에 평당 5만 원씩만 더해서 내 놓으시면 됩니다."

"그렇게 내 놓으면 팔리려나?"

"네, 팔립니다. 사장님의 땅은 공장 설립 승인 허가를 받은 땅이고요, 네모반듯해서 땅 모양도 좋습니다. 또한 모든 토목공사가 완료된 상태이고요. 규모 역시 매수자들이 선호하는 평수이므로 주인을 만날 겁니다. 걱정하지 마시고 그 가격에 내 놓으시면 됩니다."

이렇게 해서 매도 시세에 평당 5만 원씩을 더한 금액으로 토지를 내 놓았고, 몇 개월이 지나지 않아 땅을 매도했다.

토지는 저렴하다고 해서 좋은 것이 아니라 가치를 지니고 있어야 양품이다. 토지를 산다는 것은 팔기 위한 것인데, 아직 조성 계획이 수립되지 않은 땅인 원형지를 싸다는 이유를 매입해 놓았다가 경기가 어려워지면 그런 원형지 값은 오르지도 않고 팔리지도 않는다. 적합한 용도가 보이고 가치를 지닌 토지는 언제나 매입의 대상이 된다. 가치를 내포하고 있는 토지라면 가치를 공사로 드러낸 뒤 매도하려 했을 때 시세라는 것이 중요하지 않다는 사실을 경험했다. 가치가 있는 땅은 시세가 정해져 있지 않다.

또한, 토지에 투자한다는 것은 가치를 내포하고 있는 토지를 매입하여 그 가치대로 드러나도록 만들어 그 대가를 받는 것일 것이다. 이 말은 토지를 싸게 매입해서 비싸게 매도하는 것이 토지 투자가 아니라는 말이다. 많은 사람들이 토지에 투자한다고 하면 낮은 가격에 사서 높은 값에 판다고 생각하는데 그것은 토지에 투자하는 것이 아니고 불확실한 미래에 대하여 배팅을 하는 것이다.

도시지역에서 수익 올리기

택지지구는 도시지역의 주택난을 해소하기 위하여 주택건설에 필요한 택지의 취득·개발·공급 및 관리 등에 관하여 특례를 규정한 택지개발촉진법에 의거하여 지정된다. 현재 추진되고 있는 택지개발지구에 향후 몇 년간은 관심을 두고 투자를 하는 것도 충분히 매력적이다.

6 도시 지역의 땅, 택지 투자 시작하기

택지개발지구로 지정되는 곳 선점하기

택지개발지구란 도시지역에 신도시를 만드는 개념이라고 이해하면 된다. 도시지역에는 주거지역·상업지역·공업지역·녹지지역이 있는데, 가만히 보면 나머지 셋을 감싸 안고 있는 녹지라는 것이 도시지역에 포함되어 있다.

그렇다면 녹지의 개념은 무엇일까? 쉽게 생각하면 된다. 우리나라의 땅 덩어리는 한정되어 있고 도시는 팽창하고 있기에 주거지역이나 상업지역, 공업지역이 모자라게 될 때를 대비하여 녹지지역을 남겨둔 것이다. 도시가 계속 커지면, 남겨둔 녹지들을 수용하여 주거지역이나 상업지역, 공업지역으로 편입한다. 택지개발지구로 지정되는 곳은 이 세 지역을 감싸고 있는 녹지가 대상이 된다. 따라서 녹지 투자라는 것

택지개발지구로 지정된 향남1지구(위)와 향남2지구(아래).

은 결국은 용도지역이 상향될 지역에 투자하는 것이다. 이것은 투자의 기간으로는 보통 장기 투자로 구분할 수 있다.

녹지지역의 용도가 상향되어 해당 토지가 주거지역, 상업지역이나 공업지역으로 편입이 된다면 엄청난 부가가치를 가져온다. 때문에 분명히 좋은 투자 대상이 될 수 있다. 다만 그렇게 되는 시기를 가늠할 수 없으므로 녹지지역 투자는 장기 투자라고 할 수 있는 것이다.

어디에 투자할 것인가? 기회가 많은 곳에 투자 기간과 비용을 최소로 투자하는 것. 그 방법과 대상에 달렸다고 해도 과언이 아닐 것이다.

택지를 분양 받는 것은 아파트만큼 매력적이다

가끔 뉴스나 매스컴을 통해 택지개발지구의 단독필지를 분양한다는 소식을 듣기도 한다. 그때마다 놀라지 않을 수 없다. 단독필지들의 분양 경쟁률을 보면 몇 십 대 일이거나 몇 백 대 일, 수천 대 일까지 가는 경우를 보기 때문이다. 택지개발지구 내 단독필지 분양에 왜 이렇게 어마어마한 관심과 경쟁률을 보이는 것일까?

택지에 대해 몰랐던 시절, 택지에 대해 오해하는 많은 사람들처럼 나는 이것을 분양 받으면 계약금-중도금-잔금을 거쳐 1개월에서 2개월 이내에 분양가를 전부 납부해야 하는 줄 알았다. 하지만 그렇지 않다. 택지개발지구 내 택지를 분양 받게 되면 보통은 계약금 10%를 지불하게 되고 2~5년 동안 6개월에 한 번씩 중도금을 납부하면 된다. 예를 들어 분양가가 3억 원이라고 가정을 하면 분양가의 10%인 3000만 원을 계약 시에 납부하고, 6개월이 지난 뒤에 중도금 1차를 지불한다. 이렇게 분양가 3억 원을 2~5년에 걸쳐 납부하면 된다.

무언가가 떠오르지 않는지. 그렇다. 이 방식은 새 아파트를 분양 받을 때와 마찬가지다. 분양 대금을 나누어 낼 수 있다는 점에서 일단 매력적이다.

그렇다면 이런 생각을 할 수 있다. 아파트를 분양 받으면 분양권 매매라는 것을 하지 않나. 즉, 분양 대금을 납부하고 있는 중간에 분양권을 거래한다. 그럼 동일한 대금 납부 방식의 택지도 중도금 납부 중에 매매할 수 있지 않을까?

결론부터 말하면, 택지도 분양가를 전액 납부하기 전에 매매가 가능하다. 택지 분양 과정에서 명의 변경이 되지 않았다면 나는 택지라는 분야에 관심을 갖지 않았을 것이다. 이 택지라는 것이 무한한 가능성을 내포하고 있는 것이라면 매매가 원활하게 가능할 것이고, 매매가 빈번히 일어난다면 웃돈의 범위도 꽤 높지 않을까?

실제로 그렇다. 택지를 분양 받는 것은 중도금을 치르는 동안 택지를 매매할 수 있고 좋은 택지에는 웃돈이 붙어 투자 수익 면에서도 매력적이다. 투자 과정이나 수익을 얻는 방법에서 보면, 택지를 분양 받는 것은 아파트를 분양 받는 것과 비슷한 점이 많다.

전국뉴스 3488 오늘!

[3488 오늘!] 원주기업도시 청약광풍… 경쟁률 '6200대 1'

이진석 기자   등록 2015. 04. 28. 16:35 / 수정 2015. 04. 28 16:52

……

[리포트]
여의도 2배 크기의 원주기업도시. 점포 겸용 단독주택용 토지 분양에 11만7천 건, 3500억 원이 몰려 인터넷이 마비될 정도였습니다.

신재삼 / 원주기업도시 마케팅팀장
"저희가 이틀째부터는 아예 이 전산 접수번호를 부여 안 했습니다. 전산으로. (한꺼번에 몰려서요?) 예."

최고 청약 경쟁률은 6204대 1로 서울의 위례신도시보다 3배 가까이 높았습니다.

평균 경쟁률은 1388대 1. 벌써 1억 원이 넘는 웃돈이 형성됐습니다.

청약 신청자
"신청을 했죠 나도. 당첨 되면 (프리미엄이) 좀 붙겠지 뭐. 지금 현재가 1억에서 1억 붙었는데…"

기업도시 투자 열풍의 원조는 충주. 산업단지와 주택단지 복합형 도시로, 막바지 아파트 분양을 앞두고 지역 부동산 시장도 들끓고 있습니다.

6200대 1…원주기업도시 택지 분양 최고 경쟁률

국민일보 입력 2015-04-23 10:24

…….
필지 당 청약액이 300만원인 것을 고려하면 사흘 만에 3500억 원이 넘는 '뭉칫돈'이 몰린 셈이다. 특히 단독주택 점포겸용 용지 분양신청 경쟁률은 지난해 11월 분양한 일반택지의 최고 경쟁률 1115대 1, 평균 분양률 245대 1을 훌쩍 넘어섰다.
…….

토지 분양 경쟁률은 왠만한 아파트 경쟁률을 뛰어 넘는다.

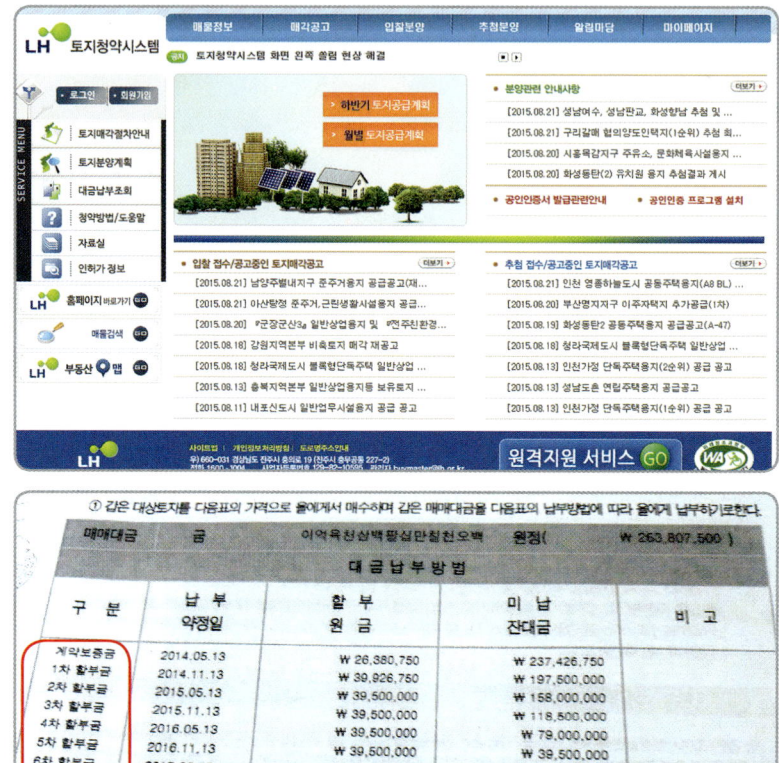

LH공사에서는 토지청약시스템(위)을 운영하고, 택지도 아파트처럼 분양 대금을 여러 회에 걸쳐 납부(아래)하게 한다.

 택지 투자로 돈이 들어 오는 구조를 만드는 법

부동산 투자라는 것은 매도자와 매수자가 존재하여야만 거래가 일어나는 시장이다. 그러한 점에서 부동산의 어느 분야에 사람들이 몰리고 있는가를 판단하는 것은 굉장히 중요할 수밖에 없다. 사람들은 입버릇처럼 "돈을 쫓으려 하지 말고 돈이 들어오게 하라."고 이야기하는데, 부동산 일을 시작하기 전에는 나도 이런 말을 이해하지 못했다. 수입은 노력해야 느는 것이지, 알아서 생기는 구조가 어떻게 있단 말인지. 그러나 부동산 투자를 10년 넘게 하고 있는 지금은 내가 이 말을 한다. 그러한 관점에서 보면, 택지라는 시장은 '돈이 들어오는' 결과를 만들어 줄 만한 가치를 지니고 있다. 왜냐하면 택지라는 상품의 최종 모습은 그 땅 위에 다가구 주택이나 상가 건물이 지어져 있는 상태일 것이기 때문이다. 건물을 가지고 있다는 것은 그 건물 안에 세입자들이 존재한다는 말이 되므로, 택지로 임대 수익을 올리는 구조를 만들 수 있다.

그런데 많은 사람들이 잘못 생각하고 있는 것이 있다. 그것은 건물을 보유함에 있어서 엄청난 돈이 필요하다고 생각하는 것이다. 하지만 실제는 그렇지 않다.

예를 들어 10억 원인 4층 짜리 점포주택 건물이 있다고 가정을 하자.

4층	1세대	
3층	투룸	쓰리룸
2층	투룸	쓰리룸
1층	상가 1	상가 2	상가 3

1층은 상가가 3칸이 있고 월세를 받는다.

간단하게 비교하기 위하여 보증금 2000만 원에 월세 100만 원으로 3칸 모두 월세가 들어있다고 가정을 하자. 그렇다면 일단 1층에서는 보증금 6000만 원에 월세가 300만 원이 들어온다. 그리고 2층과 3층에는 투 룸이 하나, 쓰리 룸이 하나 있고 4층에는 통으로 1개 세대가 살며 이 5개의 방 모두가 전세로 들어있다고 하자. 투 룸의 전세 시세는 지역마다 다르겠지만 화성의 시세는 투 룸 9000만 원, 쓰리 룸 1억 1000만 원, 4층이 1억 4000만 원 정도로 형성되어 있다.

> 4층 전세 보증금: 1억 4000만 원
> 3층 전세 보증금: 9000만 원 + 1억 1000만 원 = 2억 원
> + 2층 전세 보증금: 9000만 원 + 1억 1000만 원 = 2억 원
> 주거 부분 보증금 합계: 5억 4000만 원

그렇다면 5개 세대의 보증금의 합이 5억 4000만 원이다. 1층 상가 보증금의 합 6000만 원에 주거 가구 보증금의 합을 더하면 이 건물의 보증금은 총 6억 원이 된다. 그렇다면 10억 원짜리 건물을 가지고 있는 건물주가 실제로 투입했을 투자금은 4억 원이라는 계산이 나온다.

> 건물 가격 10억 원 - 주거 보증금 5억 4000만 원 - 상가 보증금 6000만 원
> = 투입 예상금액 4억 원

여기서 한 가지 더. 모든 부동산 상품에는 대출이 가능하다. 이 4층짜리 건물에도 대출이 가능하다. 이 또한 지역마다 그 대출액에는 차이가 있겠지만 화성시를 기준으로 한다면 보통 4층 건물에 대출이 3억 5000만

원 가능하다. 그렇다면 결과적으로 10억 원짜리 건물을 가지고 있는 건물주가 투자한 현금액은 얼마나 될까?

> 건물 가격 10억 원 – 보증금 합 6억 원 – 대출 3억 5000만 원
> = 실투입 현금 5000만 원

10억 원짜리 건물을 가졌는데 실제 현금은 5000만 원만 들어간다. 그럼 이 건물의 수익률은 어떨까? 은행마다 대출 금리가 다르지만 예를 들어 4.5%라고 가정해 보겠다. 3억 5000만 원에 대한 이자를 계산해 보면 월 130만 원 가량이 발생한다. 하지만 1층에서 300만 원의 월세가 발생하므로 이자 비용 130만 원 정도를 제하더라도 다달이 170만 원의 수익이 발생한다.

$$\frac{\text{월 수익 170만 원} \times \text{12개월}}{\text{현금 5000만 원}} \times 100 = \frac{\text{연 수익 2040만 원}}{\text{현금 5000만 원}} = 40.8\%$$

현금 5000만 원을 투자하여 한 달에 170만 원이라는 수익 발생. 과연 어떤 부동산 상품이 이런 수익률을 만들어 줄 수 있는가? 현재로서는 이런 수익 구조를 만들어 낼 수 있는 부동산 상품이 택지다. 택지지구의 어마어마한 경쟁률이 택지들의 몸값이 비싼 이유를 설명하고 있는 것이다. 다만 한 가지 간과해서는 안 될 점은 세입자가 들어오기 위해서는 투자자가 먼저 공사를 해야 하고, 토지를 매입해야 한다는 점이다. 만약 많은 자금의 선행되지 않고도 적은 비용으로 공사를 할 수 있다면 어떤 투자자가 이 시장을 지나칠 수 있을까.

임대 수익 및 투자금 예상

(단위: 만 원)

층별	호수	방수	보증금	월세	비고		
1층	101호	상가	2,000	100		매매금액	100,000
	102호	상가	2,000	100			
	103호	상가	2,000	100			
						보증금	60,000
2층	201호	2	9,000	0			
	202호	3	11,000	0		월세	300
						융자예상금액	35,000
3층	301호	2	9,000	0			
	302호	3	11,000	0		대출이자 (4.5%)	131
						투자금	5,000
4층	401호	1(3)	14,000	0			
			₩60,000	₩300		수익률	약 40.8%
3. 참고사항							

1세대: 투룸 / 쓰리룸 / 투룸 / 쓰리룸 / 상가 1 / 상가 2 / 상가 3

4 택지시장의 또 다른 소비자, 건축업자를 잡아라

어느 부동산 시장이던 간에 매수자가 있는 시장이라면 좋은 투자처라고 말할 수 있다. 그러한 점에서 비추어 볼 때 수익형 부동산을 만들 수 있는 택지지구의 시장은 매력적이다. 수익형 부동산을 일반에게 공급하기 위한 건축업자라는 또 다른 소비자가 존재하기 때문이다. 이렇게 또 다른 소비자가 있다는 이유만으로도 택지의 값은 오를 수밖에 없는 구조이다. 토지를 사서 건물을 지어야 하는 건축업자들이 택지지구에는 항상 존재하고 이들은 건물을 지을 수 있는 땅을 끊임없이 알아본다.

투자자 입장에서 파악할 것은 한 가지이다. 바로 건물을 지었을 때 그 건물의 공실률이다. 신축했을 때 그 건물을 채울 세입자들이 많이 존재하는지, 임대 시장이 현재 임대인 위주의 시장인지 아니면 임차인 위주의 시장인지를 살펴야 한다. 만약 현재 시장이 임대인 위주의 시장이라고 판단이 된다면 건축업들은 건축 조건에 있어 소비자에게 굉장히 유리한 조건으로 매도를 하기에 많은 매수자가 유입이 된다. 그렇게 되면 건축업자들은 비싼 금액을 지불하고서라도 택지들을 매입할 것이고 이는 택지의 값을 올리는 데 충분히 한 몫을 하게 된다. 따라서 택지 투자에 있어 그 지역의 건물에 대한 공실률을 확인하는 것은 택지의 가격이 오를 수 있느냐를 판단하는 것과 같다. 또 다른 소비자인 건축업자는 무엇보다 투자자에게 중요한 존재다.

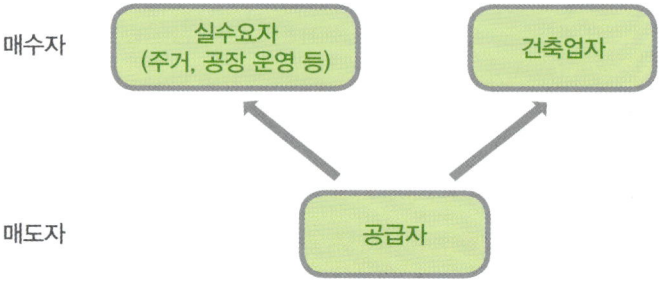

 택지 투자만큼 안전한 투자처는 없다

택지라는 부동산 상품은 그 어떤 부동산 상품보다 안전하다.
투자를 할 수 있는 부동산 상품은 매우 다양하다. 아파트도 있고 상가, 건물, 토지 등등 여러 가지가 있는데 이 모든 부동산 상품들의 공통점은 위험을 가지고 있다는 것이다. 부동산은 가게에서 물건을 구매하듯이 정찰제인 물건을 사는 것이 아니기에 수요를 항상 예측할 수는 없다. 그렇기 때문에 부동산 투자 상품은 위험을 얼마나 줄일 수 있느냐가 투자를 잘하는 것이라고 말할 수 있을 것이다. 이러한 관점으로 택지를 분석해 보자.
수익형 부동산이라는 것이 무엇인가? 그것은 투자하여 매달 일정 금액의 수익이 발생하는 부동산 상품이다. 주거형 건물인 아파트, 빌라, 다가구 주택 등등 여러 종류 가운데 다세대 주택과 다가구 주택을 구분한다면, 다세대 주택은 한 건물 내에 여러 가구가 살면서 각자 자기가 사는 호수에 대하여 소유권을 가지고 있는 형태이다. 빌라처럼 건물 내에 각 호수가 지정되어 있고 그 호수마다 각기 다른 소유권을 가지고 있는 형태. 이러한 건물을 다세대 주택이라 하는 것이다. 반면 다가구 주택은 한 건물 내에 여러 가구가 모여 산다는 점에서 다세대 주택과 동일하지만 각 호수마다 별개의 소유권을 가지고 있지 않다는 점이 다르다. 즉, 각 호수의 사람이 주인이 아니라 전체 건물에 대하여 한 사람이 주인이다.

신도시 안에 있는 택지는 이 다가구 건물을 지을 수 있는 토지를 가리킨다고 생각하면 된다.

그렇다면 택지를 매입하여 매수자는 3층 혹은 4층 건물을 짓게 될 것이며 여러 가구의 호수를 만들어 전세 혹은 월세로 임대를 줄 것이다. 택지는 이렇게 다가구 건물을 지어 수익형 부동산을 만들 수 있다. 뿐만 아니라 신도시 안에 형성되었기에 주변에 기반시설들이 다 갖추어져 있고 많은 편의시설들이 위치해 있으며 쾌적한 환경을 갖추고 있는 곳에 수익형 부동산을 만들 수 있어서 투자한 뒤 매도차익을 얻기가 쉬울 수 있다.

택지를 매입하여 앞서 말한 것처럼 한 가지 더 검토해야 하는 것은 임대수요이다. 왜냐하면 수익형 부동산을 목표로 만들었을 때 임대가 나가지 않는다면 그것은 엄청난 위험이 될 수 있기 때문이다. 먼저 주변의 임대수요를 예상해 보고 여러 가지 상황을 정밀 분석하여 공실의 위험성이 굉장히 적다고 판단되는 택지를 매입한다면, 사 들인 택지를 중간에 매도할 수도 있을 뿐 아니라 최후에 수익형 부동산을 만들어

임대 소득을 수월히 올릴 수 있는 상품이 될 것이다. 이렇게 하면 택지는 부동산으로서 굉장한 가치를 가지면서도 다른 부동산 상품과 비교하여 보았을 때 안전한 투자 수단이 될 수 있다.

> **부지의 적정금액을 판단하는 법, 건축 비용 파악하기**
> 수익형 부동산을 만들 수 있는 택지의 적정금액을 파악하려면 건축 비용을 가늠할 수 있어야 한다.
>
> 1) 몇 가구를 들일 것이고 점포를 넣을지에 따라 투자금과 비용이 달라진다.
> 2) 건물에서 나오는 월세 수익에서 대출이자만큼을 가상으로 제하고 투자금 대비 수익률을 계산해 보았을 때 적정한 수익률이 발생할 수 있다면 그 금액을 적정금액이라고 판단한다.
> 3) 다만 수익률을 판단하기 위해서는 건축 공사비를 파악할 수 있어야 하기에 택지를 매입하기 전에 평당 건축비를 예측하고 있어야 한다.

주변의 임대 수요를 최대한 파악해야 한다.

7 택지에 투자하기 전 알아야 하는 것들

 **택지는 일석삼조의 땅**

나는 13년간 토지를 개발해 오면서 토지를 보게 되면 그 개별적인 특성을 찾아내려 노력해 왔다. 도시지역 안에 있는 택지는 어떤 개별적인 특성이 있을까?

우리나라 토지는 28개의 지목으로 이루어져 있다. 비도시지역이라고 부르는 시골지역의 땅들은 거의 대부분 개발되지 않은 원형지이다. 전, 답, 임야 등이 대부분이라는 말이다. 그러다 가끔 지목이 대지인 토지를 보게 되면 그 토지의 값어치를 높이 평가하게 된다. 지금 바로 건물을 지을 수 있는 땅이기 때문이다. 비도시지역에서 원형지, 즉 전, 답, 임야 등을 대지로 만들기 위해서는 절차상 먼저 개발행위허가를 받아야 하고 토목공사를 마친 뒤 건축허가를 받아 건물까지 신축을 해야만 토지의 지목을 바꿀 수 있다. 이 과정에서 많은 비용이 소요된다. 이렇게 여러 절차를 거치고 비용을 들여서 토지의 지목을 대지로 만들 수 있기에 지목이 변경이 되면 그 땅의 값어치는 당연히 올라간다.

그런데 택지의 지목은 처음부터 대지이다. 이 점을 다르게 말하면 건물을 지을 수 있도록 한국토지주택공사에서 원형지를 토목공사하고 기반시설을 설치하고 도로와 배수로를 확보한 뒤 건물을 지을 수 있는 상태로, 그것도 네모반듯하게 만들어서 분양을 한다는 것이다. 택지지구이기 때문에 당연히 주변에 많은 아파트가 들어올 것이고 중심상업지역 또한 근처에 들어설 것이며, 각종 편의시설 및 학교들까지 갖추어질 것이다. 한마디로 택지는 신도시 안에 위치한 모양이 좋은 대지가 된다. 토지만을 평가해 본다 할지라도 어느 누구라도 갖고 싶을 만한 위치에 있고 모양마저 예쁘면서 다가구 건물을 지을 수 있다는 점까지, 택지는 토지의 특성만을 파악하더라도 최고의 모습을 갖추고 있다고 해도 과언이 아닐 것이다.

또한 택지의 용도지역은 2종 일반 주거지역이다. 토지를 건물을 짓기 위한 상품이라고 했을 때 이곳은 주거지역 중에서 건폐율과 용적률이 꽤 높게 책정되어 있어서 토지의 효율성이 굉장히 높다. 따라서 다가구 주택을 지었을 때 많은 주거 공간을 확보할 수 있기에 수익이 발생할 수 있는 부동산을 만들 수 있고, 택지 자체가 좋은 환경 조건을 가지고 있기에 공실에 대한 부담도 줄일 수 있다. 팔기도 쉽고 거주하기도 좋다. 이처럼 특성을 보면 택지가 그 어떤 토지보다 높은 가치를 가지고 있다는 것을 알 수 있다.

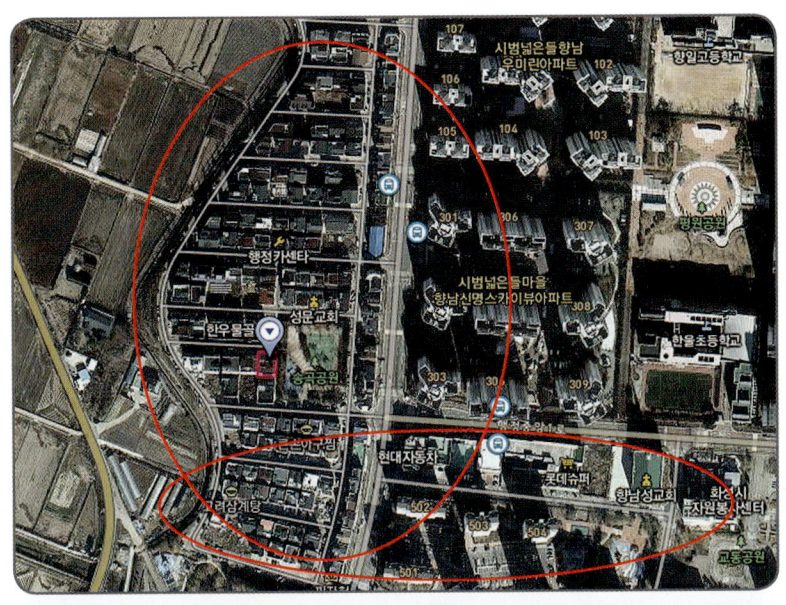

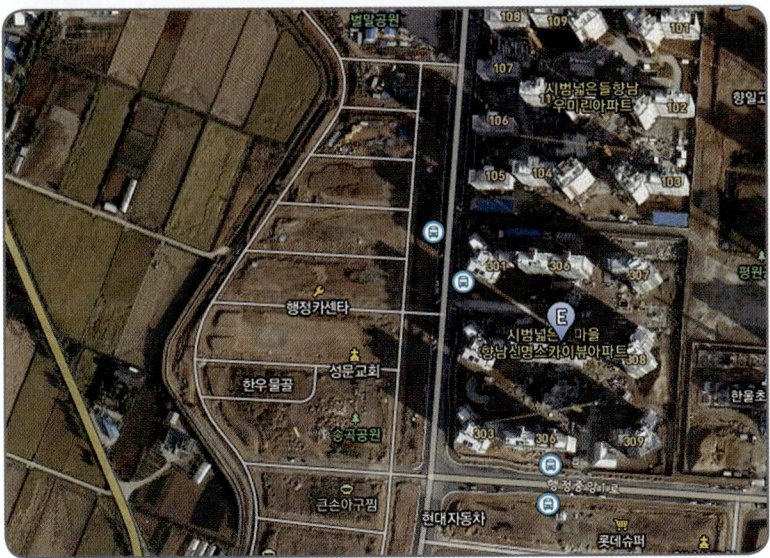

택지가 조성된 후(위)와 완전히 조성되기 전(아래)의 모습을 위성사진으로 살펴볼 수 있다.

지목	대	면적	321.1 ㎡
개별공시지가 (㎡당)	857,000원 (2015/01)		

지역지구등 지정여부	「국토의 계획 및 이용에 관한 법률」에 따른 지역·지구등	제2종일반주거지역, 제1종지구단위계획구역, 소로1류(폭 10m~12m)(접함)
	다른 법령 등에 따른 지역·지구등	성장관리권역<수도권정비계획법>
「토지이용규제 기본법 시행령」 제9조제4항 각 호에 해당되는 사항		

□ 제2종일반주거지역
□ 제3종일반주거지역
□ 생산녹지지역
□ 제1종지구단위계획구역
□ 주차장
□ 소로3류(폭 8m 미만)
□ 소로1류(폭 10m~12m)
□ 중로2류(폭 15m~20m)
□ 중로1류(폭 20m~25m)
□ 어린이공원
□ 완충녹지

축척 1/ 2000

이주자택지 vs 협의자택지

녹지지역 내에는 토지를 가지고 있는 사람들도 있고, 토지 위에 건물을 지어 거주하고 있는 사람들도 있다. 그러다가 해당 지역이 택지개발지구로 지정이 되어 신도시를 만든다는 공고가 뜨면 추후 해당 지역의 토지와 건축물 등 지장물에 대한 보상이 이루어진다.

절차를 거쳐 토지 및 건축물 등의 수용이 이루어지고, 사업 시행으로 인해 생활권을 침해 받은 원주민들에게는 생활 대책의 일환으로 택지개발지구 내에 단독주택 필지로 80여 평 정도의 택지를 분양 받을 수 있는 권리가 생긴다. 이렇게 부여 받은 분양권의 분양가는 택지 조성원가의 70~80% 가량인데, 점포가 가능한 단독주택지의 분양권을 가리켜 이주자택지라고 한다. 이주자택지의 장점은 분양가가 저렴하다는 것, 또한 점포가 가능한 단독주택지를 분양한다는 것일 터이다.

그렇다면 협의자택지는 무엇일까? 다른 말로 하면 협의양도인 택지, 즉 택지개발지구 안의 일정 면적 이상의 토지를 협의를 통하여 공사에 양도한 경우 그 소유자에게 분양하는 택지를 일컫는다. 다만 협의자택지에는 점포가 불가능하다. 70~80평 정도의 전용주거시설만이 가능한 단독주택 필지를 조성하는 조성원가 정도에 분양을 하며 이주자택지보다는 분양가가 높다는 것이 특징이다. 이주자택지보다 협의자택지를 늦게 분양한다.

경기도 화성의 택지개발지구 중 향남1지구에서는 이주자택지의 분양가가 평당 280만 원 선이었으며 협의자택지의 분양가는 평당 350만 원 수준이었다. 이렇게 이주자택지는 분양가 자체가 늦게 분양하는 협의자택지보다 저렴하기 때문에 분양을 하자마자 웃돈이 붙게 된다.

이주자택지

개발지구 내에 거주하던 원(原)주민에게 주어지는 토지로서, 단독주택이나 점포주택을 지을 수 있는 점포 겸용 택지를 말한다. 토지개발공사나 지방자치단체 등 정부가 특정지역을 개발할 때 대상 지역의 토지를 수용하게 되는데, 이때 지역 내에 공람공고 1년 전부터 거주하던 주택소유자(철거민)에게 공급하는 단독택지이다. 대개 80평 정도로 분양 받는다.

철거민은 이 택지에 건물을 지을 때 건물 면적의 40%까지 상가시설을 지을 수 있고 생활 대책 용지로 상가 용지를 받을 수 있는 권한이 있다. 상가 용지는 약 8평 정도이며, 감정가격에 공급된다.

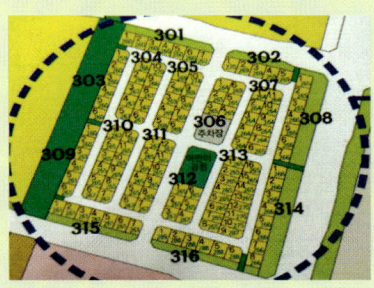

향남2지구 내에 점포 겸용 주택지의 모습이다. 이주자택지와 협의자택지를 구분하기 위하여 점포가 가능한 필지들의 색깔은 노란색으로 표시하고 있다.

협의양도자 택지(협의자택지)

협의를 통해 토지를 공사에 양도한 경우 공급된다. 주택만 지을 수 있는 주거 전용 택지이다. 감정가 선에서 공급되어 조성원가의 70~80%에 분양하는 이주자택지보다는 분양가가 높다. 건폐율 50%, 용적률 80%를 적용하는데, 블록형으로 공동 설계 시 용적률 20% 상향, 기타 건축 권장사항 이행 시 10%씩 증가한다. 잔금을 완납하고 소유권이전등기를 완료할 때까지 전매가 안 된다.

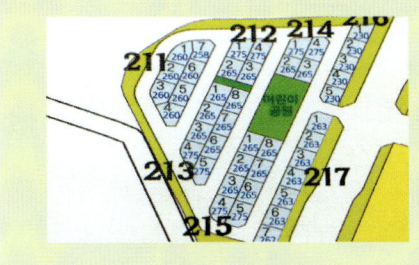

향남2지구 내에 주거 전용 택지(협의양도자 택지)의 모습이다. 필지들의 색깔을 파란색으로 표시하고 있다.

3 건물의 모습을 결정 짓는 것은 건폐율과 용적률

택지 안 건물의 모습은 어떻게 결정이 될까? 우리나라의 모든 토지에는 건폐율과 용적률이 적용이 된다. 그리고 건폐율에 따라 1층 면적이, 용적률에 따라 건물의 높이가 결정된다. 그렇기 때문에 토지를 공부하려 하는 사람이라면 도시지역의 토지나 도시가 아닌 비도시지역의 토지를 막론하고 건폐율과 용적률의 개념은 알고 있어야 한다. 토지라는 상품은 건물을 짓기 위한 투자 상품이기에, 택지라는 투자물의 최종 상태도 건물을 신축하는 것일터이다.

그럼 건폐율이란 무엇일까? 건폐율이란 대지 면적에 대한 바닥 면적의 비율이다. 바닥 면적이란 쉽게 말해서 1층의 면적이라고 생각하면 된다. 이해를 돕기 위해 대지의 면적을 ㎡가 아닌 평으로 예를 들어 살펴보자.

우리나라 토지는 21개의 용도지역으로 구분지어져 있고, 각 용도지역 별로 건폐율이 정해져 있다. 그중 1종과 2종 일반 주거지역의 건폐율 은 60%이다. 건폐율이 60%라는 말은 대지 면적이 100평이라고 가정 했을 때 바닥 면적을 대지 면적의 60%만큼 지을 수 있다는 것이다. 여 기서 60%인 건폐율은 최대의 면적을 가리킨다. 즉 60%를 초과하여 지을 수는 없지만 60% 이하로는 건축할 수 있다. 만약 60%의 건폐율 을 모두 반영하여 건물을 짓는다면 대지 면적 100평 위에 1층 면적이 60평인 건물이 가능하다. 대지 면적이 200평이고 건폐율이 60%라면 1층 면적으로 120평까지 가능하고, 건축주가 원한다면 1층을 100평이 나 80평으로 지어도 된다.

다음으로 용적률을 살펴보자. 용적률이란 대지 면적에 대한 연면적의 비율이다. 여기서 연면적이란 건평이라고도 불리는데, 건물의 총 면적 을 뜻하는 말이다. 예를 들어 3층짜리 건물이 1층 60평, 2층 60평, 3 층 60평일 때 연면적을 계산해 보자.

> 1층 60평+ 2층 60평+ 3층 60평 = 총 180평

이때 각 층의 바닥 면적의 합계인 180평이 연면적이다.

그럼 대지가 100평이라고 가정할 때 용적률이 200%라는 것은 어떤 의 미일까? 용적률이란 대지 면적에 대한 연면적의 비율이므로, 대지 면 적 100평에 대해 200%만큼 건축할 수 있다는 말이다.

> 100평 × 용적률 200% = 200평

그렇다면 100평의 토지에는 연면적 200평만큼의 건물을 지을 수 있다.

그럼 이제 건폐율과 용적률을 모두 적용하여 건물을 지어 보자. 대지 면적이 100평, 건폐율 60%, 용적률 200%라고 가정했을 때 건물의 모습은 어떠할까? 먼저 바닥 면적 즉, 1층의 최대 면적은 몇 평을 지을 수 있을까? 이때 건폐율과 용적률을 최대한도로 적용하여 건물을 올린다고 하자. 건폐율이란 대지 면적에 대한 바닥 면적의 비율이라고 했으므로 100평에 대한 60%, 즉 1층을 60평을 지을 수 있다. 바닥 면적을 산출했으니 다음으로 용적률을 적용해 보자. 용적률은 100평에 대해 200%라고 했으므로 이 건물은 연면적 200평까지 지을 수 있다.

그렇다면 건물의 모습을 상상해 보자.

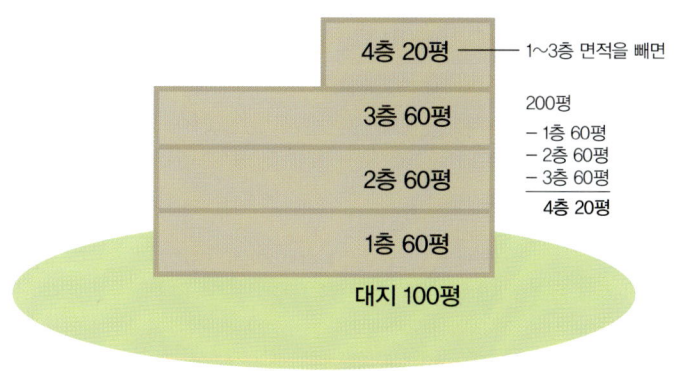

위와 같이 대지 면적 100평 위에 1층이 60평이고 2층 60평, 3층 60평, 4층 20평인 총 200평 건물의 모습을 볼 수 있게 될 것이다.

건폐율과 용적률은 이렇게 건물의 1층 면적과 건물의 높이를 결정하고 건물의 모습까지 결정하므로 택지에 투자한다면, 특히 건물을 짓는다면 반드시 알아 두어야 할 것이다.

주거지역에서의 건폐율 용적률

용도지역		건폐율	용적률
전용주거지역	제1종전용주거지역	50% 이하	50% 이상 100% 이하
	제2종전용주거지역	50% 이하	100% 이상 150% 이하
일반주거지역	제1종일반주거지역	60% 이하	100% 이상 200% 이하
	제2종일반주거지역	60% 이하	150% 이상 250% 이하
	제3종일반주거지역	50% 이하	200% 이상 300% 이하
준주거지역	준주거지역	70% 이하	200% 이상 500% 이하

 4 시세는 주변 주거지역의 땅값을 반영한다

모든 투자자들은 투자를 하기에 앞서 이런 생각을 할 것이다. '내가 이 물건을 산다면 과연 값이 오를까? 과연 살 사람이 있을까?' 잃지 않는 투자를 하는 사람들은 이 판단을 잘하는 사람들일 것이다.

그렇다면 성공적인 투자를 하기 위하여 우리는 어떤 것들을 알아보아야 하는 것일까. 현명한 투자자란 현재 상황을 직시하여 미래를 예상할 수 있는 사람들이다. 어떤 것을 판단하려 할 때 미래를 예측할 수 있다면 그것보다 확실한 것은 없을 것이다. 하지만 현실적으로 미래를 예상하기란 쉽지 않다. 따라서 보다 현명하게 투자하려면 현재 어떤 상품들이 매매가 잘 되고 있고 시장 상황이 어떤지를 분석하여 미래를 조금이라도 예비할 수 있어야 할 것이다.

그렇다면 생각해보자. 모든 부동산 상품들은 주변 상황에 따라 그 값이 변한다고 해도 과장된 표현은 아닐 것이다. 만약 내가 살고 있는 아파트가 32평형이고 평당 매매가가 800만 원이라고 했을 때 새로 짓고 분양하는 아파트가 내 주위에 들어온다면 그 분양가는 과연 어떻게 될까? 현재 내가 살고 있는 아파트의 평당 매매가보다 높으면 높았지 절대 저렴하지 않을 것이다. 물론 이런 가정은 주변 상황이 비슷하다고 했을 때 성립한다.

그렇다면 택지개발지구의 대지를 생각해 보자. 택지개발지구라는 것은 쉽게 말해서, 결국 신도시가 형성되는 곳이다. 그렇다면 주변 상황이 비슷하고 이미 신도시가 형성되어 있는 곳의 시세를 살펴보면 택지지구 내의 택지들의 값을 예상해 볼 수 있다.

우선, 이미 신도시가 형성된 지역의 주거지역 값을 검토해 보면 그리 싸지 않은 시세로 호가하고 있다는 사실을 알 수 있다. 이 상황에서 새롭게 조성되고 있는 택지들의 분양가를 보면 기존 신도시의 토지 값과 분명한 차이를 보인다. 다시 말해서, 새로 조성되고 있는 택지들의 분양가가 이미 신도시가 형성된 주거지역 토지 값보다 현저히 낮다. 이렇게 신도시를 조성하면서 공급하는 택지들은 건물을 지어 사용할 수 있는 시기가 보통 2~5년 후에 온다. 즉, 택지들이 기반시설을 갖추고 진정한 대지의 모습을 갖추는 시기는 분양을 하고 2~5년 후라는 것이다. 그동안 택지들의 값이 꾸준히 오를 것이고 시간이 흘러 사용시점이 되었을 때는 기존 신도시의 주거지역 토지 값만큼 가격이 올라가 있을 것이다.

이렇게 기존 신도시의 시세 추이를 보면서 택지지구 안에 있는 택지들의 값을 미리 예상할 수 있다. 이제 택지지구 안에 있는 택지들이 얼마나 매력적인지 알 수 있을 것이다.

예를 들어 택지지구에서 분양하는 80평짜리 땅이 있다고 하자. 분양가는 3억 원이라고 가정을 한다면 환산하면 이 땅은 평당 가격으로 375만 원인 토지가 될 것이다. 그런데 기존 신도시의 대지 값이 600만 원이라면 적어도 2~5년 동안 평당 225만 원의 웃돈이 붙을 가능성이 있다.

> (평당 600만 원 − 375만 원) × 80평 = 1억 8000만 원

계산해 보면 80평 토지에는 1억 8000만 원 가량의 웃돈이 붙을 가능성이 있다는 말이 된다. 앞서 보았듯이 택지를 분양 받으면 투자금이 1억 원이 되지 않는다고 했으므로, 이 토지에 투자하면 1억 원이 안 되는 금액으로 2~5년 동안 1억 8000만 원이라는 투자소득을 볼 수 있다. 종합해 보면 택지가 최고의 투자처라고 말해도 과언이 아닐 것이다.

이렇게 택지개발지구 안에 택지들의 가치는 기존 신도시의 주거지역 토지 값을 반영한다는 사실을 알아야 한다. 이 상황을 한국토지주택공

사에서 분양하는 필지들의 경쟁률이 말해 주고 있는 것이 아닐까? 택지지구 안에 있는 택지들은 무한한 잠재력을 가지고 있는 상품이다. 그렇기에 단언컨대, 택지에 투자하여 이득을 보지 못하고 손해를 입는 일은 정말로 쉽지 않을 것이다.

 ## 택지를 분양 받기 위한 방법

택지를 분양 받기 위해서는 어떠한 절차를 가지고 있을까?
택지지구 내에 단독주택 필지들이 조성되면 그중 일반인에게 분양하는 물건들을 만들어 놓게 된다. 한국토지주택공사에서는 일반에게 분양하는 단독주택 필지의 분양자를 가리게 되는데, 최초에는 분양하게 될 필지들을 공사 홈페이지에 공고를 한다. 입찰 자격과 입찰일을 정하여 공고하게 되면 입찰일까지 우리가 준비해야 하는 것은 공인인증서를 확보하여 인터넷뱅킹이 가능하게 만들어 두는 것과 입찰일, 입찰시간에 맞추어 필지를 선택하고 택지지구에서 정한 입찰금액을 주택공사 계좌로 송금하는 것이다. 보통 2~3일에 걸쳐 입찰한다. 여기서 말한 입찰금은 분양가의 10%가 아닌 공사에서 정한 일정 금액의 비용이기 때문에 신청예약금인 입찰금은 각 지구별로 달리 정해질 수 있다.
예를 들어 화성 향남2지구를 살펴보자. 이곳의 분양가는 필지의 규모에 따라 2억 5000~2억 8000만 원 선이었고 계약금은 분양가의 10%, 즉

2500만~2800만 원이었다. 그러나 입찰금인 신청예약금은 1000만 원이었다. 한편, 일단 입찰을 했다고 하여 바로 분양자가 되는 것은 아니다. 한국토지주택공사는 2~3일의 분양 일정 동안 받은 신청자들 가운데 각 필지 별로 추첨한 뒤 기일을 정하여 분양자를 확정 짓는다. 분양자가 정해지면 계약일자를 정하여 입찰금(신청예약금)을 포함하여 분양가의 10%를 주택공사가 계약금으로 받는다.

이 과정에서 예비당첨자라는 것이 있다. 이 예비당첨자는 추첨에 의하여 확정된 분양예정자가 기일에 계약금으로 지불하지 않았을 때 분양예정자로부터 분양 받을 수 있는 권리를 이양 받는다. 이때 만약 분양예정자가 계약일에 계약을 하지 않는다고 하더라도 입찰금을 돌려 주는 것이 아니다. 그렇기 때문에 현실적으로 입찰을 한 뒤 분양예정자로 확정된 사람이 입찰금을 포기하고 계약을 하지 않는 일은 실무에서는 거의 일어나지 않는다. 따라서 예비당첨자로 결정이 됐다고 하여도 분양 받을 수 있는 확률은 거의 없다고 봐야 한다. 한편 입찰을 하여 분양예정자로 당첨되지 못한 입찰인들의 입찰금은 수일에 거쳐 입찰 당시 적어놓았던 환불 계좌로 바로 환불 조치 되므로 걱정할 일이 없다.

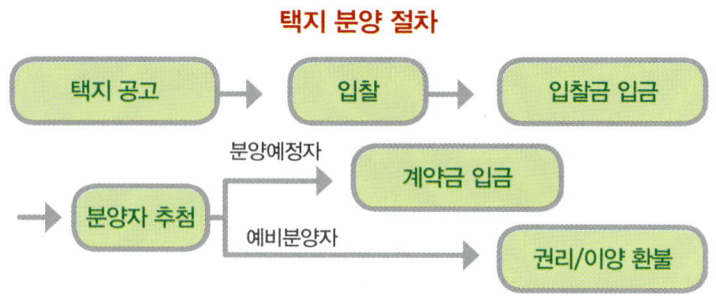

검색 창에 한국토지주택공사 토지청약시스템이라고 검색하면 사이트가 열린다.

상단 메뉴 중 매각공고를 클릭하면 현재 공고중인 내용을 볼 수 있다. 찾는 지역을 클릭한다.

위례지구 주거전용 단독택지 공급 공고

금번 공급되는 주거전용택지는 일반실수요자(만 19세이상 1인 1필지)를 대상으로 공급하며 토지청약시스템(http://buy.lh.or.kr) 인터넷 접수를 통해 신청이 가능합니다.

1. 공급대상용지

용도	블록	행정구역	필지수	면적(㎡)	공급금액(백만원)	건폐율	용적률	높이	가구수	용도지역	공급방법(신청예약금)
단독주택 (주거전용)	D2-3	성남	42필지	255~290	888~1,104	50% 이하	100% 이하	2층 이하	호당 3가구 이내	제1종 전용 주거 지역	전산추첨 (₩30,000,000 삼천만원)
	D2-4		36필지	256~299	922~1,076						

※ 공급대상토지 세부내역은 토지청약시스템(http://buy.lh.or.kr) 공급공고문의 물임목록 및 공급안내 팜플렛에서 반드시 확인하시기 바랍니다.

2. 공급일정 및 장소

구 분	공급일정	장 소 / 방 법
신 청 (예약금 납부)	2014. 9. 22 (10:00) ~ 9. 23 (16:00)	토지청약시스템 (http://buy.lh.or.kr)/ 인터넷 접수
추 첨	2014. 9. 24 10:00	LH 위례사업본부 판매부(1층)/ 토지청약시스템 전자추첨
결과게시	2014. 9. 24 16:00 이후	토지청약시스템 (http://buy.lh.or.kr) 알림마당에 게시
계약체결	2014. 9. 26 ~ 9. 30 10:00 ~ 17:00	LH 위례사업본부 판매부(1층) * 토 · 일요일 제외

가. 토지청약시스템(http://buy.lh.or.kr)은 인터넷을 이용하여 한국토지주택공사에서 공급하는 토지의 입찰 및 추첨분양을 수행하는 시스템을 말하며, 한국토지주택공사 홈페이지(www.lh.or.kr)에서도 접속이 가능합니다.
나. 전산장애 등의 사유로 공급업무가 원활히 진행되지 못할 경우 공급일정 등은 변경 또는 지연될 수 있으며, 일정이 변경될 때에는 토지청약시스템을 통해 안내해 드리겠습니다.
다. 상기일정은 토지청약시스템상의 시스템 일시를 기준으로 합니다.
라. 신청 시 매입을 희망하는 필지를 직접 선택하며, 그 대상토지가 경합되는 경우 추첨하는 방식으로 진행됩니다.
마. 추첨은 전자추첨방식으로 진행하며, 추첨 시 참관을 희망하시는 신청자는 추첨 일자 및 시간을 확인하시어 위례사업본부 판매부로 방문하시기 바라며, 희망자가 없는 경우에는 위례사업본부 판매부 책임 하에 추첨이 진행됩니다.
바. 전산추첨 결과는 2014. 9. 24 16시 이후 토지청약시스템 알림마당에 게시하며, 개별동지는 하지 않습니다.

3. 신청자격

일반실수요자(만 19세 이상 1인 1필지만 신청가능)

공고에 보면 건폐율과 용적률, 청약일정 등이 나온다.

6 분양 받은 택지에 대출하기

먼저 결론부터 이야기하면 부동산을 매입함에 있어 대출이 불가능한 상품은 없다. 다만, 대출방식에서의 다른 점이라고 할까 방법의 차이가 있을 뿐이다.

앞서 말했듯 택지를 분양 받거나 소유하게 된다면 분양가를 2년에서 5년에 걸쳐 나누어 낸다. 우선 계약의 절차에서 보통 계약금으로 10%의 현금을 납부하게 된다. 그러면 나머지 중도금과 잔금이 있을 것인데 은행에서는 분양을 받고 소유권을 확보한 상태에서 대출을 해 주려 한다. 그래서 택지를 분양 받고 중도금을 대출로 진행하려 할 때 은행에서 거절의 의사를 밝히는데, 이유는 분양이 이루어진 것은 알지만 은행이 대출을 실행하면서 채권을 확보할 수 있는 등기부가 존재하는 것이 아니기 때문이다.

그럼 택지를 분양 받으면서 대출을 받을 수 없는 것일까? 그렇지 않다. 분양가가 큰 금액이기에 택지를 분양하는 토지주택공사에서는 가까운 은행들과 업무협약을 맺는다. 당시에는 소유권을 확인할 수 있는 등기부가 존재하지 않기에 계약금 10%와 중도금 10%, 즉 분양가의 20%가 현금 납부된 상태라면 한국토지주택공사에서 분양자에게 추천서를 작성해 준다. 분양자의 소유권을 확인하여 주고 이에 채권을 확보해 주겠다는 내용을 기재하는 것이다. 그러면 은행에서는 토지주택공사의 추천서를 믿고 대출을 진행하여 준다. 여기서 다른 담보대출과 다른 점은 대출액이 분양자의 통장을 거쳐가는 것이 아니라 바로 주택

공사 계좌로 송금이 된다는 것이다. 예를 들어 분양가가 3억 원이라면 3억 원의 80%인 2억 4000만 원의 대출을 받을 수 있게 된다. 대출액은 주택공사의 계좌로 바로 실행이 된다.

또 한 가지 다른 담보대출과 차이점은 실행금액을 은행이 일시불로 송금하는 것이 아니라는 점이다. 다시 말해서 각 중도금을 납부하는 일자에 맞춰 금액 또한 분양가의 10%, 20%정도가 되는 금액을 은행이 그 중도금 회차에 따른 일자에, 또한 그 중도금 회차에 따른 금액을 주택공사 계좌로 송금한다.

여기서 택지라는 상품이 투자적인 면으로 볼 때 얼마나 좋은지를 알게 될 수 있을 것이다. 왜냐하면 분양을 받아 처음에 20%의 현금을 납부한 상태라면 대출을 받을 수 있고 또한 그 대출액도 한 번에 모두 실행되는 것이 아니기에 대출 비용에 따른 금리가 적용된다 하여도 대출액이 순차적으로 늘어나므로 투자기간 동안의 대출이자도 그리 큰 부담이 되지 않기 때문이다.

회차에 따라 대출액이 증가한다.

쉽게 말해서 택지라는 상품을 분양 받게 된다면 다음과 같은 장점이 있다.

- 최초 분양가의 20% 정도를 현금 납부한다
- 나머지 중도금과 잔금은 대출을 이용할 수 있다
- 분양가를 납부하는 기간이 보통 2~5년 정도이기에 20%의 현금과 대출이자 정도만 있다면 이 택지를 보유하면서 값이 상승하는 것을 편안하게 기다릴 수 있다

이렇다면 분양가가 3억 원이라고 가정했을 때 20%의 현금 6000만 원과 2~5년 동안의 대출이자를 합쳐도 1억 원이 안 되는 현금으로 택지에 투자할 수 있으며, 사용시기까지 토지를 보유할 수 있고 그 기간 동안 값이 오른다면 얼마든지 매매할 수 있다. 또한 매매를 하지 않더라도 다가구 건물을 건축하여 훌륭한 수익성 부동산을 보유할 수도 있다. 도시지역 내에 택지라는 상품은 어마어마한 투자가치를 가지고 있으면서도 적은 돈으로도 얼마든지 투자할 수 있는 상품이라는 것을 여러 번 강조해도 지나치지 않다. 이런 방법들을 통해 몇 억 원에서 몇 십억 원을 벌었던 사람들이 있는 것이다.

 # 택지로 수익형 부동산 만들기

 택지지구에서 좋은 매물 고르는 요령

나는 공인중개사로 부동산을 운영하고 있는데, 많은 손님들이 항상 같은 것을 물어보곤 한다. 택지지구 도면을 바라보면서 어떤 위치가 제일 좋은지 물어보는 것이다. 보통, 택지들은 남북으로 쪼개어져 있거나 동서방향으로 나뉘어져 있다. 간단하게 두 가지만 비교해 보겠다. 남쪽과 북쪽으로 나뉘어진 택지부터 보면 누구나 쉽게 이해할 수 있을 것이다.

우리나라 사람들은 주택 부지로 남향을 선호한다. 택지도 마찬가지여서, 남쪽과 북쪽으로 나뉘어진 택지들을 보면 남향을 선호하는 사람들이 많다. 그 때문에 남향을 바라보고 있는 택지들의 값이 북향을 바라보는 택지들보다 높게 형성된다.

여기서 한 가지 더 알아야 하는 것은 일조권이다. 그런데 일조권은 전용주거지역과 일반주거지역에 제한이 있다. 보통 일조권 제한이라는 것은 말 그대로, 자기 필지의 건물에 햇빛을 받을 수 있는 권리를 의미한다. 쉽게 이야기해 보자. 내 필지와 연접해 있는 필지가 있고 바로 잇따라 접한 필지에 건물을 짓게 될 경우, 일조권 제한이란 그 건물로 인해 나의 필지의 건물에 해가 들지 않는 것을 방지하기 위하여 내 건물의 높이에 따라 연접된 필지의 대지 경계선으로부터 일정 거리가 떨어져야 하는 것이다. 택지지구가 아닌 보통의 주거지역에서는 정북방향으로 일조권 제한을 받는다. 그 말은 건물을 지으려는 필지를 기준으로 정북쪽이 다른 필지와 연접해 있을 때 건물을 신축하려면, 내 필지 안 건물의 높이에 따라 정북 방향으로의 대지 경계선으로부터 일정 거리를 떨어져야 한다는 것이다.

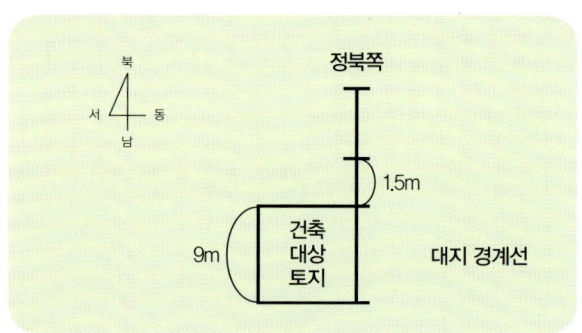

이것이 바로 일조권 제한이다. 일종의 환경권이다.

하지만 택지지구에서는 택지지구의 조례에 의하여 일조권 방향을 새로 정한다. 그런데 보통의 택지지구에서는 정남쪽으로 일조권 제한을 두는 경우가 많다. 정남쪽으로 일조권 제한을 둔다는 말은 정북쪽 제한과 거꾸로 생각하면 된다. 정남쪽으로 연이어 접해 있는 필지가 있고 자기 소유 필지 안에 건물을 지으려 할 경우에 내 필지의 건물 높이에 따라 정남 방향으로의 대지 경계선으로부터 일정 거리를 떨어져야 한다. 그런 이유로 보통의 택지지구에서 도로를 기준으로 남쪽을 바라보는 택지들을 보면 정남쪽으로 연접되어 있는 필지가 없고 도로가 존재하는 것을 볼 수 있다.

이렇게 앞서 말한 것처럼 도로가 필지의 남쪽에 위치해 있는 남향의 필지들은 일조권 제한이 없으며 상대적으로 도로가 필지의 북쪽에 위치한 북향의 필지들은 정남쪽으로 연접되어 있는 필지가 존재하기 때문에 건물의 높이에 따라 일조권 제한을 받는다. 이는 남향을 바라보는 필지들의 값을 높게 평가하는 이유가 될 수 있고, 입지 조건을 살펴보았을 때 도로의 위치가 필지의 남쪽에 위치한 남향의 땅이 북향의 땅보다 좋은 입지를 가지고 있다고 말할 수 있는 근거가 된다.

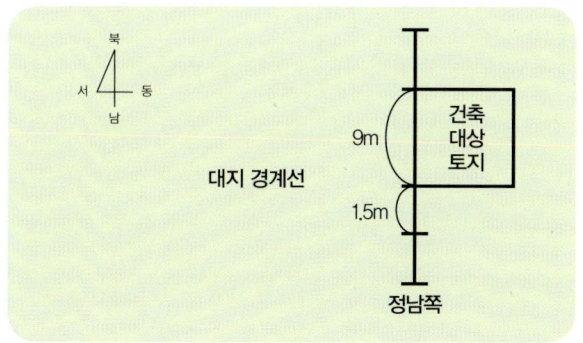

그중에서도 당연히 도로의 여러 면을 접한 토지, 코너에 위치한 필지

의 입지가 더욱 좋을 것이며 택지의 성격에 따라 또 다른 가치가 더해질 것이다. 즉 점포를 지을 수 있는 이주자택지의 경우는 대로변이 유리한 위치를 가질 것이며 반대로 점포가 불가능하여 전용 주거시설만 가능한 택지들은 시끄러운 대로변 보다는 조용한 안쪽의 필지들이 더 괜찮은 입지를 가지고 있을 것이다.

이제 동서로 나뉘어진 필지들을 보자. 동서 쪽으로 나뉘어진 필지들은 택지지구에서 정남쪽으로 일조권 제한을 받는다는 전제하에, 도로를 아래쪽으로 끼고 있는 필지들을 제외하면 모두 일조권 제한을 받는다. 그러한 이유로 일단 도로를 아래쪽으로 끼고 있는 필지들의 입지가 일조권 제한도 받지 않으면서 두 필지 모두 남쪽을 바라보게 되기 때문에 가장 유리한 위치를 가지고 있다고 말할 수 있다.

그렇다면 아래쪽에 있는 필지들을 제외한 동쪽과 서쪽을 바라보는 필지들을 보면 과연 어떤 것이 더 좋다고 말할 수 있을까? 이 점은 개인의 취향이라고 판단해야 할 것이다. 왜냐하면 동쪽을 바라보는 필지들은 해가 뜨는 모습을 볼 수 있고 오전 중에 해가 들어 오게 되어 오전에 해가 들어오는 것을 선호하는 사람들은 동쪽을 바라보는 필지들을 선호하게 될 것이며, 반대로 서쪽을 보고 있는 필지들은 오전에 해가 들어오지는 않지만 오후 내내 해가 들어오기에 오후에 해가 들어오는 것을 선호하는 사람들은 서쪽을 바라보는 필지들을 선호할 것이기 때문이다. 이렇게 볼 때 동서로 분리된 필지들은 개인의 취향의 문제이지 어떤 필지가 더 좋다고 말하기는 어렵다.

간단하게 남쪽과 북쪽, 동쪽과 서쪽으로 나뉘어진 필지에 대하여 더 좋은 필지가 무엇인지 일조권 제한과 해의 방향으로 살펴보았다. 필지들의 입지를 분석하는 것은 개인적인 취향의 문제이고 필지들의 성격에 따라 달라질 수 있으므로 정답은 없는 것이라고 보아야 한다.

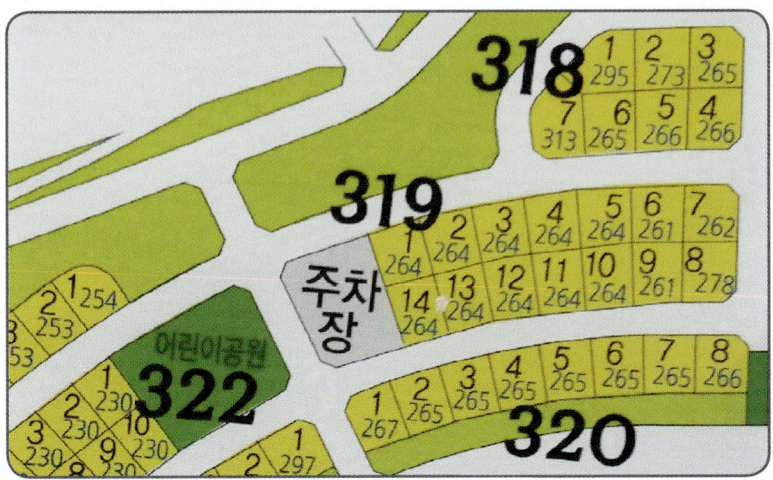

남과 북으로 구분된 필지(위)나 동과 서로 구분(아래)에 따라
일조권 제한과 입지 조건이 달라진다.

일조권

최소한의 태양 광선, 즉 햇빛을 확보할 수 있는 권리를 말한다. 일반적으로 건물을 지을 때 인접 건물에 일정량의 햇빛이 들도록 보장하는 권리를 뜻한다. 인접 건물 등에 의해 햇빛이 충분히 닿지 못하는 경우 이로 인해 생기는 신체적·정신적·재산적 피해에 대해 이 권리에 의거해 보상을 청구할 수 있다. 일상 생활에서 자연의 혜택을 온전하게 누릴 수 있도록 하는 일종의 환경권에 해당한다.

도시의 과밀화, 고층건물의 증가와 함께 주거환경에 대한 관심 증대로 일조권이 새로운 삶의 질 문제로 대두되면서 주거지역에서의 일조권 분쟁이 빈번해지고 있는 추세다. 이를 막기 위해 건축법 등에서는 건물의 높이 및 인접 건물 간 일정 거리를 띄어야 하는 거리 제한 등의 규정을 두고 있다. 법원의 판례에 따르면 통상적으로 일조권이 지켜지려면 동짓날을 기준으로 오전 9시부터 오후 3시 사이의 시간 중 일조시간이 연속으로 2시간 이상, 오전 8시부터 오후 4시 사이의 시간 중 총 4시간 이상 확보되어야 한다.

일조권 보장을 위한 건축법상 건축 제한

제한 (건축법시행령 제86조) (2014년 11월 11일 시행 기준)

전용주거지역이나 일반주거지역에서 건축물을 건축하는 경우에는 건축물의 각 부분을 정북 방향으로의 인접 대지 경계선으로부터 건축조례로 정하는 거리 이상을 띄어 건축해야 한다.

① 높이 9m 이하인 부분: 인접 대지경계선으로부터 1.5m 이상
② 높이 9m를 초과하는 부분: 인접 대지경계선으로부터 해당 건축물의 각 부분의 높이의 2분의 1 이상 거리를 두어야 한다.

투자 수익이 큰 택지를 고르려면 사용시점을 주목하라

택지개발지구 안에 있는 수많은 땅들은 분양 시기가 모두 같지 않다. 앞에서 말했듯이 택지들은 각각 분양가를 가지고 있으며 분양대금을 몇 차례에 걸쳐 나누어 지급하기 때문에 택지 별로 분양시기가 같은 것도 있지만 분양시기가 늦고 중도금 회수가 많은 필지들이 존재한다. 중도금 회수가 여러 번에 걸쳐 있으면서 잔금까지의 기간이 많이 남은 땅, 일명, 사용시점이 오래 남은 택지. 그런데 이러한 물건이 더 좋은 투자가치를 가지고 있다. 왜냐하면 등기가 없는 분양권 상태로 조금 더 오랫동안 보유하고 있을 수 있기 때문이다. 이것은 건물을 지을 생각이 없는 투자자라면 분양권 상태로 보유하다가 어느 정도의 웃돈이 붙게 되면 건물을 지어 사용하기 이전에 매도할 수 있다는 것이다.

기회비용으로 계산해 보자. 80평 규모의 택지가 한 필지 있다고 가정하고 분양가는 3억 원이라고 하자. 이 필지는 이제 막 계약이 되었고 중도금 1회차의 시점이 6개월 후이다. 투자자 입장에서 보았을 때 분양가의 10%인 3000만 원을 투자하여 최소 6개월 간 더 이상의 투자금 없이 토지를 보유하면서 웃돈이 오르기를 기대할 수 있다. 만약 6개월이 지나는 동안 웃돈이 형성되지 않아 중도금 1차의 금액을 납부하게 되면 다시 돌아오는 2차의 납입 시점이 보통 6개월 후이기에 추가로 더 기다릴 수 있다. 게다가 필지 분양가에 대한 80%의 대출이 가능하다. 그러므로 이 토지도 2억 4000만 원의 대출이 가능하다. 그럼 다음과 같은 공식이 성립한다.

*계약금 포함 10회 가정, 분양가 3억 원일 때

	납입	총 투입 현금 (분양가 대비 %)	소유권 / 매매 가능
소유권 / 매매 가능	분양가의 10%: 3000만 원	3000만 원 (10%)	○ / ○
1회차 중도금	분양가의 10%: 3000만 원	6000만 원 (20%)	○ / ○
2회차 중도금	분양가의 10%: 3000만 원 (전액 대출금)	6000만 원 (20%)	○ / ○
…	…	…	

이렇게 분양가의 20% 현금만 있다면 2~5년에 걸쳐 웃돈이 오르기를 기대할 수 있다. 3억 원짜리 토지라도 6000만 원만 투자하여 시간도 벌고, 수익 기회도 잡을 수 있는 것이다. 이는 투자자 입장에서 아주 유리한 조건이다.

이때 2~5년 후의 시점을 가리켜 이 필지의 '사용 시점'이라고 하는데, 투자자라면 이 사용 시점이 많이 남은 필지가 더 유리하다. 앞서 말했듯 적은 현금 비용으로 오랜 기간 소유권을 가질 수 있고 중간중간 매매 기회도 여러 번 있기 때문이다.

그렇다면 사용 시점이 조금 밖에 남지 않은 필지는 투자 가치가 없는 것일까? 그렇지 않다. 투자가치가 많고 적다는 것은 투자를 함에 있어 얼마나 많은 투자금이 들어가느냐의 차이이지 사용 시점이 조금밖에 남지 않았다고 해서 투자가치가 없는 것이 아니다. 물론 사용 시점이 길지 않다면 분양가에 대하여 대출을 포함해서 3억 원을 모두 빠른 시일에 납입해야 한다. 이는 부동산 물건에 대한 취득이 이루어진 것이기에 취득세를 납부해야만 하는 것이어서 사용 시점이 많이 남았을 때보다 투자금이 더 필요하게 된다는 의미이다.

즉 투자금을 적게 들이려 하는 투자자 입장에서 보았을 때에는 이러한 이유로 사용 시점이 오래 남은 필지들에 투자를 하는 편이 더 유리한 투자를 할 수 있다.

공실률을 가늠하는 방법

수익형 부동산에 있어 임대 수요를 예상하는 것은 앞서 말했듯 잃지 않는 투자가 가능한지, 수익률이 발생할 것인지를 분석하는 것이기 때문에 굉장히 중요한 사항이다. 건물을 지었을 때 임대 수요가 있을지를 예상하기 위해서는 먼저 주변 상황을 분석해야 한다.

다가구의 월세 방을 찾는 사람들은 그 집에서 오랫동안 거주할 생각이 없는 사람들일 것이다. 왜냐하면 오랫동안 살겠다고 마음 먹는 사람들은 월세보다는 전세로 방을 찾을 것이기 때문이다. 그 지역을 일찍 떠날 생각이 없기에 주거 비용으로 많은 비용을 지출하는 것을 싫어한다. 물론 전세 수요도 투자금 회수가 가능하게 해 주지만 수익형 부동산의 진정한 모습은 월세가 발생하는 것일 터이다.

그렇다면 월세로 사는 사람들은 어떤 사람들일까? 지금 당장은 월세로 살지만 그 기간이 짧을 것이라고 생각하는 사람들. 예를 들어 공장 근로자들이라면 설명이 될 것이다. 근로자들은 보통 연령대가 젊은 사람들이 많다. 돈을 벌기 위해 지방에서 올라오고 해외에서 건너오고 하다 보니 특정 지역에서 짧은 기간 동안 일을 하고, 큰 방이나 목돈이 들어가는 전세보다는 월세를 선호한다. 그렇다 보니 근로자들은 인근에 작은 원룸이나 여러 명이 모여살 수 있는 투 룸, 쓰리 룸을 월세로 얻으려는 경우가 많다.

그런데 택지지구에서 다가구의 수익률을 만들어 주는 사람들 중 대부분은 근로자들이다. 따라서 옆에 공단이 있거나 소규모 공장들이 모여 있는 택지지구라면 다가구 주택을 짓는 데 있어서 유리한 조건이다.

이와 더불어 또한 주변지역의 시설들을 살펴볼 필요가 있다. 택지지구가 시내 인근에 형성되면 기존 시가지의 원룸, 투 룸의 시세를 신경 써야만 한다. 같은 환경을 공유하며 다만 새로 지었다는 것뿐이기에 기존 시세보다 많은 월세를 받을 수는 없을 것이다. 그런데 만약 택지지구가 시골지역에 지정이 되었고 주변은 기름 보일러를 쓰는 옛날 시골집인데 택지지구 안에 있는 다가구 주택은 도시가스를 이용할 수 있는 상황이라면 어떤 상황이 발생할까? 도시가스를 설치한 주택으로 수요가 몰리는 상황이 생길 것이다.

다가구 주택을 지음에 있어 이렇게 공실률을 낮출 수 있는 요소들을 파악하는 것은 택지지구 주변 상황을 분석하다 보면 어느 정도 짐작할 수 있다. 그리고 그 과정에서 택지지구가 형성되는 곳이 주변에 소규모 공장들이 많은 지역이라면 유리한 위치를 가지고 있다는 것, 택지지구가 시골지역에 지정이 되면 임대수요가 많을 것임을 알 수 있다. 또한, 이렇게 주변 상황을 통해 공실률을 예상할 수 있게 되면 그로 인해 지역별로 어떤 택지시장에 웃돈이 형성될지도 파악할 수 있다.

 택지지구에서 명의변경하기

택지에서의 명의변경은 어떠한 방식으로 이루어질까? 인터넷을 통하여 정보를 검색하다 보면 '이주자택지에 한하여 1회에 걸쳐 전매가 가능하다'라든지 '협의자택지는 명의 변경이 불가능하다'라는 문구를 볼 수 있다. 그래서 많은 사람들이 이주자택지나 협의자택지 등의 거래가 빈번히 이루어지지 않을 것이라고 생각할 것이다.

하지만 현실은 그렇지 않다. 실제로 주변 택지지구 안에서는 거래가 이주자택지나 협의자택지의거래가 빈번하게 이루어지고 있다. 어떻게 보면 '아는 사람들만의 시장'인 것이다. 각 택지지구 별로 행위 제한 내용 중 다른 부분이 있을 수는 있지만, 대부분의 택지지구 안에서 택지가 분양가 이하로 거래가 된다면 명의 변경에 있어 제한이 없다. 이러한 점은 투자자에게 있어 엄청난 정보일 수밖에 없다. 왜냐하면 명의변경이 절차적으로 문제가 없다는 사실이기 때문이다.

절차적인 방법을 따르면 택지의 명의를 변경을 할 수 있다.

권리의무승계계약서

토지의 표시

소재지	경기도 화성시 향남읍					
예정지번 (확정지번)	220-11 (-)	면적	264㎡	용도	실수요자택지 주거전용	

위 토지에 대한 매매계약상의 권리의무승계에 관하여 양도인 김춘홍님(를) "갑", 양수인 이창형님(를) "을", 한국토지주택공사를 "병" 이라 칭하여 아래와 같이 계약을 체결함

1. "을"은 "갑"과 "병"간에 2014.05.14.자로 매매계약을 체결한 위 토지에 관하여 동 매매계약상의 일체의 권리의무를 그대로 승계한다.
2. "을"은 위의 매매계약 내용 전부(당초 공고문상 유의사항 등 공급조건을 포함)에 관하여 이를 상세히 숙지하고 그 이행에 차질이 없도록 하기로 한다.
3. "을"은 위 토지에 대한 명의변경후 "갑"과 "병"간에 체결된 매매계약 및 이 권리의무승계계약서에서 정한 의무사항을 이행하지 아니할 경우 "병"은 계약을 해제하고 계약보증금해당액을 귀속하기로 한다.
4. 명의변경 행위가 이중매매 등 부당한 행위에 해당하는 것으로 확인되는 경우에는 "병"은 계약을 해제할 수 있으며 이로 인하여 "병"이 입은 손해는 "갑"과 "을"이 연대하여 배상하기로 한다.
5. 「신탁법」에 따른 신탁을 원인으로 이 계약을 체결하는 경우와 이 계약 체결당시 매매대금 잔액이 극히 미미하다고 판단되어 향후 순차 소유권이전등기 대상이 되는 경우 및 매매대금 완납후 이 계약을 체결하는 경우의 소유권 이전은 먼저 "병"이 "갑"에게 이전등기를 행한 후 다시 "갑"과 "을"간에 이전등기를 행하기로 하며 "을"은 "갑"의 권리의무전부의 승계에 불구하고 그 소유권이전등기를 "병"에게 직접 청구하지 아니하기로 한다.
6. "갑"과 "을" 간의 권리의무승계의 원인행위가 실효되는 경우 "갑"은 이를 지체 없이 "병"에게 알려야 하며, 그 원상회복에 관하여는 "갑"과 "을"이 연대하여 책임을 지기로 한다.

위 각 조항을 준수하기 위하여 본계약서 2통을 작성하여 "을"과 "병"이 각 1통의 기존의 매매계약서에 합철 보관한다.

2015.07.24

갑 : 주소
　　성명
　　주민(사업자)등록번호

을 : 주소
　　성명
　　주민(사업자)등록번호

병 : 주소 경기도 성남시 분당구 성남대로54번길 3 (구미동)
　　성명 한국토지주택공사 경기지역본부장　　　방성빈

주거 전용 택지에서 권리의무승계서라는 서류명으로 명의변경이 되었다.

제13조의3 (택지의 전매행위 제한의 특례)

법 제19조의2제1항 단서에서 "대통령령으로 정하는 경우"란 다음 각 호의 어느 하나에 해당되어 시행자의 동의를 받은 경우를 말한다. 다만, 제1호·제2호·제5호 및 제7호의 경우에는 시행자로부터 최초로 택지를 공급받은 자의 경우에만 해당한다. 〈개정 2008.2.29., 2008.8.12., 2008.11.26., 2009.6.25., 2011.8.30., 2013.1.9., 2013.3.23.〉

1. 「공익사업을 위한 토지 등의 취득 및 보상에 관한 법률」에 따른 이주대책의 실시에 따라 공급하는 주택 건설 용지의 경우
2. 제13조의2제3항에 따라 공급하는 특정시설용지로서 국토교통부령으로 정하는 용지의 경우
3. 국가, 지방자치단체, 「공공기관의 운영에 관한 법률」에 따른 공공기관 또는 「지방공기업법」에 따른 지방공사에 공급하는 택지의 경우
4. 택지를 공급받은 자가 국가, 지방자치단체, 「공공기관의 운영에 관한 법률」에 따른 공공기관 또는 「지방공기업법」에 따른 지방공사에 소유권을 이전하는 경우
5. 제13조의2제5항제4호에 따라 공급하는 택지의 경우(2005년 12월 31일 이전에 최초의 개발계획승인이 신청된 택지개발지구에서 공급하는 택지로 한정한다)
6. 「주택법」제9조에 따른 주택건설사업자의 부도 등으로 분양보증을 한 자에게 보증내용에 따른 시공을 이행하게 하기 위하여 소유권을 이전하는 경우
7. 「상법」제530조의2부터 제530조의12까지의 규정에 따른 회사분할(분할합병의 경우는 제외한다)로 설립되는 회사가 분할되는 회사로부터 해당 택지를 최초 택지공급가액으로 승계 받은 경우(설립되는 회사가 제13조의2제2항에 따라 공급받을 당시에 분할되는 회사가 가지고 있던 공공택지의 공급대상자 자격요건을 충족하는 경우로 한정한다)
8. 제13조의2제2항제1호에 따른 판매시설용지 등 영리를 목적으로 사용될 택지를 공급받은 자가 「자본시장과 금융투자업에 관한 법률」에 따른 신탁업자와 해당 택지의 개발 또는 분양관리를 목적으로 신탁계약을 체결하는 경우
9. 택지를 공급받은 자가 시행자로부터 공급받은 가격 이하로 전매하는 경우

다가구 주택을 만들기 위한 절차

수익형 부동산인 다가구 주택을 짓기 위해서는 먼저 토지가 있어야 하므로 택지개발지구내에서 이주자택지나 협의자택지를 분양 받아야 한다. 혹은 분양 받지 못하더라도 다른 사람이 분양 받은 토지의 명의를 변경하여 본인의 명의의 토지가 있어야 할 것이다. 이렇게 택지를 소유하면 택지 분양 대금을 보통 2~5년에 걸쳐서 납부한다. 마지막 잔금까지 납부하게 되면 이 택지가 온전히 본인의 소유가 된다. 앞선 과정의 요약이다.

이때, 택지개발지구에서의 택지는 다른 부동산과의 차이는 잔금을 다 납부했다고 해서 등기부가 생기지 않는다는 점이다. 기타 다른 부동산들은 등기부가 존재하여 잔금 납부 시에는 소유권이전 등기를 한다. 그렇지만 택지는 잔금을 모두 납부하더라도 바로 등기할 수 없다. 택지개발지구를 만들게 되면 기반 시설 등이 마련되는데, 한국토지주택공사에서 어느 정도의 공사가 마무리 되어야만 토목 준공을 얻을 수 있게 되고 토목 준공을 받아야만 개인에게 소유권을 넘겨 주게 되기 때문이다. 이는 다시 말해서 잔금을 납부하는 시점에 등기가 꼭 생기는 것이 아니라는 말이다. 그렇다면 택지를 매입하여 토지 대금을 모두 납부해도 등기가 없는 상태이기에 아직까지는 서류적으로 토지의 소유주가 한국토지주택공사로 되어 있다. 그래서 건물을 짓기 위하여 현재 표면적으로 보이는 토지 소유자인 한국토지주택공사의 토지 사용승낙서를 받고, 이 서류를 통해 건축주가 본인이 되게끔 한 뒤 건물을 짓게 된다. 이 과정에서 토지대금을 모두 납부하지 않은 상태라면 한국토지주택공사의 토지사용승낙서를 받을 수 없다. 따라서 건물을 짓기 위해서는 토지 대금을 모두 납부한 상태여야만 한다.

이후의 과정은 택지가 아닌 다른 토지들과 동일하다. 토지 위에 건물을 짓게 되면 건물의 소유권 보존등기를 해야 하는데 택지에서도 건축을 하게 되면 준공을 통하여 건축물대장이 작성된다. 그러면 건축물대장을 첨부하여 소유권 보존등기를 하면 된다. 이렇게 되면 건물에 등기부가 생기게 되어 건축주는 임대를 얻으려 하는 세입자들에게 소유권을 확인해 줄 수 있다. 비록 토지에 대한 등기부는 존재하지 않지만 토지의 소유권을 확인하는 과정에서도 토지대금을 모두 납부한 납부내역서를 확인해 줄 수 있기 때문에 임대를 내는 데에 어떠한 문제도 발생하지 않는다.

택지에서는 이러한 절차들을 통하여 다가구 건물을 지어 수익형 부동산을 만들어간다.

수익형 부동산 만들기

택지구입 → 택지분양가 모두 납부 → 주택공사의 토지사용승낙서 → 건축물 신축 → 건축물 준공 후 건축물대장 생성 → 건축물 소유권 보존 등기 → 임대 → 수익형 부동산 탄생

건축시장이 살아 있는 곳에 투자의 기회가 있다

앞서 말했듯이 다가구 주택시장을 본다면 그 지역의 공실률을 파악해 보아야 한다. 공실이 없을 것이라는 판단이 들었을 때 건축시장이 살아 있다고 볼 수 있다. 그리고 건축시장이 살아 있는 곳에는 투자의 기회가 있다.

수익형 부동산을 만들려면 가장 먼저 토지를 취득해야 하고 또한 여기에 건축을 하기 위해서는 최소한의 현금이 필요하다. 그런데 일반적으로 생각해 보면 그 금액이 너무 커서, 다가구 주택을 지어 수익형 부동산으로 만들 수 있다는 것을 알고 있다고 하더라도 초기 비용을 감당해 낼만한 여력을 가지고 있는 사람들은 그리 많지 않다. 하지만, 마냥 어렵지만은 않다. 대출만이 아닌 다른 방법이 있다.

유심히 보아야 할 것은 다가구 주택의 임대 수요가 많은 지역에서는 건축업자들의 건축 조건이 너무 좋다는 것이다. 어떤 조건을 이야기하는 것일까? 건축업자가 먼저 외상으로 공사를 해 준 뒤 건물이 다 지어지고 세입자를 다 맞춘 상황에서 그 세입자들의 보증금으로 공사비를 가져간다는 것이 바로 그것이다.

실제로 다가구 주택의 임대 수요가 많을 때에는 건축 공사 비용은 물론 토지 값까지 세입자의 보증금으로 대신한다. 이러한 매매를 현장에서는 '통매'라고 이야기한다. 즉 토지 소유주가 토지를 넘기면서 공사업자가 건물을 지어주는 조건으로 계약이 성사되며, 토지 대금의 일부 또는 전체 건축 비용을 세입자의 보증금으로 가져가는 식의 계약이 이루어진다. 이렇게 소비자인 건축주 입장에서는 최소한의 현금으로 수익형 부동산을 소유할 수 있게 되는 것이다. 건축업자들도 이런 방법으로의 자기 매물을 좋은 값으로 소화시키기 때문에 나쁜 조건이 전혀 아니다.

다만 이러한 방법의 매매가 이루어지기 위해서는 한 가지 꼭 만족해야 하는 조건이 있다. 그것은 그 지역의 임대 수요가 엄청 많아서 건물 준공이 나기 전에 이미 세입자가 다 맞춰져야 한다는 것이다. 이러한 점에서 위에 설명한 공실률을 파악하여 공실률이 거의 없다는 판단이 서는 것이 투자자 혹은 실소유자에게 얼마나 유리한 조건이 되는지를 실감할 수 있다.

사람들은 누구나 꿈꾸고 살아간다. 경기가 불황일수록, 시간이 부족해 질수록, 혹은 여타 이유에서도 내가 직접 일을 해야만 수익이 생기는 것이 아니라 직접 일을 하지 않아도 수익이 들어오고 재산이 늘어났으면 하는 생각을 한다. 그래서 사람들은 수익형 부동산이라는 이름에 환호하고 있는지도 모른다. 하지만 사람들은 수익형 부동산을 가지려면 많은 돈이 있어야 할 것이라고 생각하는데, 이렇게 따지고 보면 수익형 부동산은 더 이상 가진 자들만의 재산이 아니다. 누구나 마음만 먹으면 이루어 낼 수 있고 가질 수 있는 대상이 된 것이다.

택지지구에서의 시장을 관심 깊게 보고 노력하다 보면 빠른 시간 안에 건물주, 수익형 부동산을 가지고 있는, 매월 월세를 받는 사장님이 될 수 있을 것이다.

수익률과 건물의 모습을 상상하라

건축시장이 활기를 띤 곳에서 통매를 통해 다가구 주택을 매입한 경우라면 먼저 예상 투자금과 수익율을 정리한 물장을 만들어 현금의 흐름을 파악해야 한다. 우선 택지 위에 들어설 건물은 건폐율과 용적률에 맞추어 그 모습이 결정지어져야 한다. 건물의 바닥 면적과 층수를 선택했다면 이제 몇 가구의 주택을 들일 것인지를 정해야 한다. 가구 수를 선택해야만 그에 따라 면적을 대강 예상할 수 있기 때문이다.

예를 들어 점포 겸용 주택을 짓고자 할 때 1층은 점포, 2~4층에 주택으로 계획하여 6가구를 넣으려고 한다면 건물은 대략 다음과 같은 모습일 것이다.

4층	주택	주택
3층	주택	주택
2층	주택	주택
1층	상가	

1층은 상가이고 6가구라면 보통 2층은 두 가구, 3층 두 가구, 4층도 두 가구가 될 것이다. 그렇다면 이제 가구의 면적을 예상해 봐야 하는데 이를 위해서는 먼저 대지 면적과 건폐율을 알아야 한다. 대지가 80평이라고 가정하면, 택지의 용도지역은 보통 일반 주거지역이기에 일반 주거지역에서의 건폐율 60%를 따지면 1층 바닥 면적으로 48평까지 건

물을 지을 수 있다.

> 대지 면적 80평 × 건폐율 60% = 바닥 면적 48평

바닥 면적을 산출했다면 다음으로 용적률을 살펴야 한다. 용적률이 200%라고 가정했을 때 총 연면적은 160평이 된다. 그리고 1~3층을 같은 평수로 짓는다면 1층 48평, 2층 48평, 3층 48평, 4층 16평의 건물이 된다.

> 대지 면적 80평 × 용적률 200%= 연면적 160평
> 총 160평 - 1층 48평 - 2층 48평 - 3층 48평 = 4층 16평

그런데 이렇게 계산한 건물의 모습은 4층 면적이 너무 작기에 건물의 모습을 달리 상상해 볼 수 있다. 건폐율이란 최고한도의 면적이므로 건폐율 이하로는 얼마든지 지을 수 있기 때문이다. 다시 말해서 건폐율을 최고치로 적용하면 대지 면적 80평에 바닥 면적 48평이 되겠지만 바닥 면적으로 40평을 지어도 무관하다. 그렇게 되면 4층이 40평짜리 4층 건물이 나오기에 16평일 때보다 건물의 활용면에서 더 유리해질 수 있다.

16평		4층	40평
48평		3층	40평
48평		2층	40평
48평		1층	40평

왼쪽 건물의 4층보다 오른쪽 건물의 4층이 활용도가 높을 것이다. 여기에 일조권이라든가 추가로 지을 수 있는 면적이 더 있다든가 하는 사항이 있을 수 있으므로 건축사의 전문적인 도움을 받아 설계를 여러 가지로 그려 보는 것이 바람직할 것이다.

이번에는 각 층이 40평짜리 4층짜리 건물이라고 가정해 보자. 1층을 10평 내외로 쪼개어 3칸 정도의 상가가 들일 수 있다. 복도와 계단 면적으로 4평쯤 필요하니 이것을 제하고 2층은 전용면적이 18평 정도씩인 두 가구가 가능한 것이다. 20~28평형 대 아파트의 전용면적 15~20평 정도가 나온다고 가정했을 때, 2층은 가구 당 방이 세 개씩 들어가 있는 쓰리 룸이 나올 수 있을 것으로 보인다. 3층과 4층도 2층과 면적이 동일하기에 2층과 똑같은 구조의 가구가 두 집씩 자리잡을 수 있다.

방의 규모가 파악되었기에 다음으로 임대 시세를 알아보아야 한다. 예를 들어 현재 쓰리 룸의 전세가 1억 원이라고 한다면 6가구의 보증금으로 6억 원의 투자금이 회수될 것이라고 예상할 수 있다. 그리고 상가 보증금으로, 아주 보수적으로 잡아 2000만 원의 보증금만 예상했다고 하자. 그렇다면 이 4층짜리 건물에서 나오는 총 보증금의 합은 6억 2000만 원이 될 것이다.

이제 알아야 하는 것은 건물의 가격과 이 건물에 가능한 대출금일 것이다. 건물 가격이 11억 원이고 대출금으로 3억 5000만 원이 가능하다고 한다면 들어가는 총 현금은 1억 3000만 원이라는 계산이 성립한다.

> 11억 원 - 6억 2000만 원(보증금의 합) - 3억 5000만 원(대출 금액)
> = 1억 3000만 원

그렇다면 이번에는 월세를 대출이자와 현금 비용에 따른 수익률로 계산해 보자. 1층 상가에서 월세가 200만 원이 나온다고 보았고, 대출금 3억 5000만 원에 대한 대출이자는 연 4.2%로 가정했다.

> 1년 월세 : 200만 원 × 12개월 = 2400만 원
> 1년치 대출이자 : 3억 5000만 원 × 4.2% = 약 1500만 원
> 연 수익 : 2400만 원 - 1500만 원 = 900만 원
> 연 수익률 : 900만 원
> 1억 3000만 원 = 약 7%

투자 현금 1억 3000만 원에 약 연 7%정도의 수익률이 나온다는 것을 알 수 있다. 등기 비용이 추가로 든다고 해도 위와 같이 예를 든 상황은 매우 보수적인 임대차 내역이기에 실무에서는 더 큰 수익과 수익률이 발생할 수 있다. 또한 건물 가격이 낮으면 낮을수록 더 큰 수익률을 올릴 수 있을 것이다.

이렇게 예상수익율을 계산하여 추후에 지어질 건물의 세입자 현황을 예측해 보고 매매 금액에 따른 현금비용과 연 수익률까지 예상해 볼 수 있어야 한다.

택지지구에는 가구 수 제한이 있다

건축법 시행령 다가구 주택의 거주할 수 있는 가구 수는 19세대 이하 다가구 주택을 지으면 19가구까지 만들 수 있다. 그런데 택지개발지구에서는 택지지구조례에 의하여 가구 수를 별도로 제한하고 있으며, 각 택지지구마다 다른 제한을 가지고 있기 때문에 택지지구에서 택지를 매입하려 할 때에는 그 택지지구에서의 가구 수 제한을 반드시 알아보아야 한다.

그런데 가구 수 제한이라는 것은 다른 문제를 발생시킬 수 있다. 다가구 주택이 수익형 부동산이어야 하는데 수익이 생기지 않는 부동산이 될 수도 있는 것이다. 왜냐하면 어떤 택지개발지구에서는 가구 수 제한이 주택 두 가구로 되어 있어서 그 큰 건물에 두 가구만 들어올 수 있는데, 이는 수익성을 따져볼 때 토지를 사고 큰 건물을 지을 수 있다 하여도 많은 가구를 들일 수 없는 상황이 되기에 투자금 회수 및 많은 월세를 기대하기는 현실적으로 힘들기 때문이다.

그렇다면 다가구 주택을 지어 수익형 부동산을 만들려고 하는 사람들은 과연 이러한 가구 수 제한이 걸려 있는 택지를 매입하려 할까? 물론 수익성을 고려하지 않고 오직 실제 거주 목적으로의 매입은 가능할 수 있겠지만 다가구 주택을 지어 수익을 얻으려는 사람들에게는 그 택지는 매력 있는 상품이 되지 못할 것이다. 이렇게 택지지구에서의 가구 수 제한이 각기 다르므로 따라서 택지지구에 택지를 매입하려 할 때에는 그 지구에서의 가구 수 제한을 반드시 확인해야 한다.

예상 투자금 및 수익율

(단위: 만 원)

		목록작성		작업일	

1. 부동산의 표시

소재지						건축연도	2015년
대 지	79.9 평	평방미터	264.㎡	평단가	금액 0	건물용도	
건 평		평방미터		평단가	금액 0	건축구조	
난방방식		방 향		동향	합계 0	도로현황	

2. 임대현황

(단위: 만원)

층별	호수	방수	보증금	월세	비고
1층	101 호	2	2,000	64	
	102 호	3	3,000	75	
2층	201 호	3	6,000	45	
	202 호	3	6,000	45	
3층	301 호	3	14,000	5	
4층					
			₩31,000	₩234	

1세대

쓰리룸	쓰리룸
투룸	쓰리룸

매매금액	80,000
보증금	31,000
월세	234
대출예상금액	30,000
대출이자	112
투자금	19,000
수익률	약 8%

3. 참고사항

대출금리 약 4.5%

연부취득과 두 번의 등기로 기회를 넓힌다

택지를 분양 받게 되면 그 분양가를 몇 년에 걸쳐 납부한다고 했다. 보통의 경우에는 잔금을 완납한 시점에 취득을 하게 되는 것인데, 이렇게 금액이 큰 거래에 있어 거래금액을 2년 이상에 걸쳐 장기간 납부하는 계약일 때에는 장기계약임을 고려해 준다. 거래금액에 대하여 매회 분납금을 낼 때마다 이를 독립적인 취득으로 간주해 버리는 것이다. 이렇게 장기간의 계약으로 인한 취득을 연부취득이라고 한다. 연부취득으로 인한 분납금을 지불하게 되면 분납금 지급일로부터 60일 이내에 취득세를 자진 신고하고 납부해야 한다.

눈치가 빠른 사람이라면 이런 궁금증이 들 것이다. 이 택지를 매매하게 되면 매도인이 기 납부한 취득세는 어떻게 되는 것일까 하고. 만약 택지를 분양 받아 매매를 하게 된다면 매도인이 이미 납부했던 취득세는 환급을 받게 되며 새로운 매수자가 그 취득세를 납부해야 한다. 또한 만약 납부 기일에 분납금을 납입하고 60일 내에 취득세를 자진 신고 및 납부하지 않는다면 신고 불성실 가산세 20%가 부과된다. 신고는 했고 납부하지 않았다면 납부 불성실 가산세가 부과된다.

> 가산세: 3/10000 × 지연일수

이렇듯 택지지구에서의 택지의 분양은 연부취득의 형태를 가지고 있기 때문에 분양가에 대한 계약금과 중도금 시에 각각의 취득세를 납부해야 한다는 것을 잊지 말아야 할 것이고, 또한 취득세는 자진 신고 및 납부해야 하기에 달력에 중도금 날짜와 취득세 납부시점 일자를 반드시 확인해야 할 것이다. 이것은 택지를 분양 받고 계약금 지불 시에도 역시 마찬가지여서, 계약금을 지불한 뒤에는 취득세를 납부여야 한다는 사실을 기억하고 있어야 한다. 하지만 택지를 중간에 명의 변경하여 취득하게 되고 잔금 시기가 2년이 남지 않게 되면 연부취득에 해당되지 않아 중도금 회차가 아닌 잔금지급시기에 모든 취득세를 납부하면 된다.

그리고 또 한 가지. 분양 대금을 모두 납부한 경우에도 공사에서는 명의 변경을 해 주고 있기 때문에 추후 등기 관련 문제가 없는 것으로 잘못 알고 매매를 하는 경우가 있는데, 반드시 알아야 하는 것은 준공 후에 먼저 매도자 앞으로의 등기를 하고 매수자로의 이전 등기를 한다는 것을 유념해야 할 것이다. 만약 분양 대금을 100% 완납하지 않았지만 대부분 납부하고 소액의 잔금만 남겨둔 경우에도 완납으로 간주하여 매도인 앞으로 먼저 등기를 해야 하는 일이 발생하기에 분양 대금 중 10%이상은 남겨둬야 한다.

연부취득

연부취득이란 통상적으로 대금을 2년 이상에 걸쳐 지급하는 경우로서 부동산을 연부로 취득하는 경우에는 연부금액을 과세표준으로 한다. 또 사실상의 연부금 지급일을 취득일로 보므로 매번의 연부지급일을 독립적인 취득으로 간주하여 납세의무를 부과하고 있으며 연부취득 중에 등기, 등록을 하는 경우는 그 등기, 등록 일이 취득일이 된다.

마치는 글

토지투자, 100전 100승 하라

누군가 돈을 벌었다는 소문은 금세 퍼진다

사람들은 돈 냄새를 무척 잘 맡는다.

부산에서 시작한 스몰비어가 인기몰이를 하고 돈을 번다는 소문이 돌자 금세 봉ㅇ비어, 최ㅇ맥주, 춘ㅇ비어 등 스몰비어와 유사한 상호가 생겨났고 동종업은 포화 상태가 되었다. 이외에도 애견 카페와 애견 호텔, 애견 간식 등 반려동물 관련 업종에서 수익을 올리는 업체들이 나타나자 역시 유사 점포들이 우후죽순 생겨났다. 연예인만 했던 퍼스널 트레이닝 센터도 지금은 그 수를 가늠하기가 힘들다.

그래서 진입장벽이 높고 오랜 기간 경쟁력을 가질 수 있는 분야를 찾아내야 한다.

투자 분야에서도 마찬가지다. 대중은 수익을 거두었다는 곳을 끊임없이 쫓아다니고 그런 곳에 몰리는 경향이 있다. 이런 현상은 특히 부동산 시장에서 보다 더 뚜렷하다. 분양권 시장뿐 아니라 재개발, 재건축 투자 시장도 그랬다. 뿐만 아니라 경매 시장에도 학생부터 주부, 퇴직자까지 가세하여 북적이더니 이 분야는 그야말로 완벽히 대중화된 시장이 되었다.

본인의 투자종목을 결정할 때도 이런 부분을 감안해야 한다. 내가 첫 발을 내딛기 수월하면 그 다음 사람들도 쉽게 진입할 수 있는 것이다. 그래서 경매를 통해 아파트를 사더라도 급매와 별반 차이가 없거나 어떤 경우에는 더 비싸게 낙찰 받는 상황도 종종 접할 수 있다.

그런데 오랜 시간이 흘렀어도 여전히 유독 조용히 투자할 수 있는 분야가 존재한다. 바로 토지 시장이다. 필자가 이 분야에 13년 넘도록 투자를 해 왔는데, 대중이 몰려 온 상황을 본 적이 없다. 사실 대중이 몰려 올 수 없다는 것은 토지 시장에 그만큼 진입장벽이 있다는 것이고, 그러기에 역으로 생각해 보면 토지투자를 제대로 익혀 두면 오랜 기간 유용한 투자 수단이 된다. 따라서 이 책이 어렵게 느껴지더라도 오히려 그 상황을 즐기고 내 것으로 만들 수 있을 때까지 노력해야 한다. 그리고 그 결과를 만끽할 수 있길 기원한다.

성공적인 토지투자, 어렵지 않다

아무것도 모르는 일반인들은 토지는 너무 복잡해서 자신과 전혀 상관없는 시장일 것이라고 생각한다. 토지투자의 방법과 결과를 제대로 가르쳐 주는 사람이 많지 않기 때문이다. 그러나 토지 시장이 그리 어려운 시장은 아니라는 것을 말하고 싶다. 공부를 그리 잘하지 못했던 필자가, 40살이 채 되지 않은 나이에 토지 시장에서 승승장구 하면서 큰 수익을 거두고 있다는 것이 그 증거다.

필자도 처음 토지투자를 시작했을 때 비슷한 생각을 했고 의심을 했던 것 같다. 과연 어떻게 하면 토지에 투자하여 수익이 생길 수 있는지, 그것이 가능할지 말이다. 실제로, 그동안 토지에 투자하여 수익을 얻어 가는 많은 사람들을 보았고 반대로 토지에 투자하여 손해를 보는 사람들도 보았다. 그리고 많은 실전 사례들을 직간접으로 경험하면서 토지에 투자한다는 것이 나름대로 정리되었던 것 같다. 토지를 매입하면서 어떤 것들을 살펴보아야 하고 어떻게 하면 수익이 발생하게 할 수 있을지를 말이다.

물론 필자가 풀어 놓은 방법이 모두 100% 정답이라고 말할 수는 없다. 각 투자자의 성향에 따라 다른 정답을 만들어낼 수도 있을 것이다. 하지만 이 책이 적어도 토지투자의 초석은 충분히 될 수 있을 것이라고 생각한다. 또한 토지투자를 시작하기 전 책뿐만 아니라 많은 간접 경험을 통하여 시각을 넓혀 놓을 수만 있다면 이 토지라는 시장도 충분히 정복할 수 있는 산이라는 것을 꼭 말씀드리고 싶다.

토지에 현명하게 투자하여 성공적인 인생을 열어가시길 기원한다.

실전에서 꼭 만나는 서류들

개발행위 관련 서류

토지사용승낙서

◎ 제   목 : 개발행위 및 건축허가 신청에 따른 토지사용승낙서

◎ 토지소재지 :   번지

◎ 소 유 자 :

◎ 동 의 면 적 :   ㎡

상기 토지는 본인(들)의 소유인바 금번   씨가 건축허가 및 개발행위가를 득하여 사용하여도 하등의 이의를 제기치 않을 것을 승낙합니다

                    2015년   월   일

※ 첨부: 토지소유자의 인감증명서 1통.

◎ 승낙자 주   소 :

      성   명 :   (인)

      주민등록번호 :

◎ 사용자 성   명 :

매매 계약 시 매수인 앞으로의 개발행위허가를 받기 위해 필요한 서류이다

지상권설정동의서

- 제   목 : 지상권동의서
- 소 재 지 :
- 지   적 :   ㎡
- 동의면적 :   ㎡

상기 토지에 대하여 귀사에 근저당권설정 및 지상권설정이 되어있는바 금번 상기토지에 공장 부지 조성의 목적으로 공장설립(개발행위)승인을 신청함에 있어 이를 동의하여 주시기 바랍니다.

2015년   월   일

* 허가신청인
- 성명 :
등록번호 :

상기 목적에 대한 사용을 동의합니다.
2015년   월   일

* 첨부서류 : 사용인감증명서 1부.
　　　　　 근저당권 및 지상권 설정자

* 동의기관(지상권자) : 주식회사   은행 (인)
　　　　 법인등록번호 :
　　　　 주   소 :

개발행위허가를 받으려 할 때 해당 번지에 지상권이 설정되어 있다면 지상권자에게 동의서를 받아야 한다. 근저당을 설정한 은행이 지상권자일 경우가 많아서 대개 보통 은행으로부터 지상권 설정 동의서를 받는다.

배수로 연결 동의서

-. 제   목 : 배수로 연결 동의서

-. 배수 소재지 :

-. 건물 신축지 :

상기 건물 신축지에 건축을 신축함에 있어 기 설치되어있는 기존 집수정 및 배수관에 연결하여도 아무런 이의를 제기치 않을 것을 서명 날인합니다.

                 2015.   .   .

※ 첨부서류 : 동의인 인감 1통. 끝

* 동의인 : 주   소 :

          주민등록번호 :

          성   명 :   (인)

배수로 연결을 할 때 기존에 설치되어 있는 집 수정 및 배수관에 연결할 수 있게 해주는 서류이다. 기존에 설치된 배수관의 소유자가 있을 경우, 개발행위허가 담당자가 소유자의 동의를 받아오라는 요구를 한다면 위 서류에 동의를 받아야만 한다.

개발행위허가에 따른 지위승계서

* '양도양수확인서'라고도 한다.

- 제   목 : 개발행위허가에 따른 지위승계서
- 토지위치 :
- 지   적 :   ㎡
- 허 가 자 : 주택 부지 조성
- 양도.양수면적 :   ㎡

상기 토지에 대하여 양도인   씨가 주택부지조성목적으로 개발행위허가를 득하였으나 양도.양수계약으로 인해 개발행위허가에 관련된 각종세금(공채.면허세.대체산림자원조성비 등)에 관한 모든권한 및 의무(승인조건)를 양수인   씨에게 위임(승계)하여 본 허가에 대한 지위승계를 체결합니다.

                  2015년   월   일

* 첨부서류 : 양도인. 인감증명서 1부.

* 양도인 주   소 :
           주민등록번호 :
           성   명 :   (인)

* 양수인 성   명 :   (인)

매매계약을 하고 토지사용승낙서를 받아 매수자의 이름으로 개발행위허가를 받은 상황에서 사정에 의해 계약이 파기될 경우, 개발행위 관련 인허가와 토지 매매 계약은 별개로 보기에 매도인은 토지를 팔지도 못했는데 허가권만 넘겨 준 상황이 된다. 이에 추후에 계약이 파기될 상황을 염려하여 매도인 측에서 양도양수확인서를 미리 받아두기도 한다.

건축 관련 서류

■건축법 시행규칙 [별지 제25호서식] <개정 2012.12.12> 세움터(www.eais.go.kr)에서도 신청할 수 있습니다.

건축물철거·멸실신고서

• 어두운 란( )은 신고인이 작성하지 아니하며, [ ]에는 해당하는 곳에 √표시를 합니다. (앞 쪽)

허가(신고)번호		접수일자	처리일자	처리기간 1일
신고번호 제 호		건축물등록번호		

건축물	위치			
	용도		구조	
	건축물수		연면적 합계	
	세대수			

소유자	성명		생년월일(법인등록번호)	
	주소			

공사시공자	성명 (서명 또는 인)	건설업면허번호
	주소	

철거 또는 멸실	사유			
	철거일자 년 월 일부터 년 월 일까지	멸실일자 년 월 일		

등기촉탁 희망여부	[ ] 희망함 [ ] 희망하지 않음
석면함유재 존치여부	[ ] 천장재(아스칼텍스, 아미텍스 등) [ ] 바닥재(아스타일 등) [ ] 해당없음 [ ] 지붕재(슬레이트 등) [ ] 파이프보온재(석면포) [ ] 천정단열재(석면포) [ ] 기타
오수처리시설 철거여부	[ ] 철거함 [ ] 철거하지 않음

※ 착공신고 관련사항 (※ 건축물철거신고와 함께 착공신고를 하는 경우에 한합니다.)

건축주		착공예정일자 년 월 일	
설계자	사무소명 (신고번호 : 자격번호 :)	성명	(서명 또는 인)
시공자	회사명 (면허·지정·등록번호 :)	성명	(서명 또는 인)
공사감리자	사무소명 (신고번호 : 자격번호 :)	성명	(서명 또는 인)
관계전문 기술자	분야	자격증(자격번호)	주소
	( ) (서명 또는 인)		
	( ) (서명 또는 인)		
	( ) (서명 또는 인)		

「건축법」제36조 및 같은 법 시행규칙 제24조에 따라 위와 같이 신고합니다.

년 월 일

신고인 (서명 또는 인)

특별자치도지사, 시장·군수·구청장 귀하

210mm×297mm [보존용지(2종) 70g/㎡]

(뒤 쪽)

신고안내			
첨부서류	건축주의 변경인 경우에는 변경 전 건축주의 명의변경동의서 또는 권리관계의 변경 사실을 증명할 수 있는 서류	수수료	원
제출하는 곳	특별시·광역시·특별자치도, 시·군·구 등	처리부서	건축허가부서 등

근거법규	
「건축법」 제16조, 「건축법 시행규칙」 제11조	· 건축허가를 받거나 건축신고를 한 자가 건축물을 양도하거나 사망한 경우 또는 법인으로서 다른 법인과 합병이 있는 때에는 그 양수인·상속인 또는 합병 후 존속하는 법인이나 합병에 따라 설립되는 법인은 변경된 날부터 7일 이내에 변경 전 건축주의 명의변경동의서 또는 권리관계의 변경사실을 증명할 수 있는 서류를 첨부하여 건축주 명의변경을 하여야 합니다. · 건축주는 공사시공자 또는 공사감리자를 변경한 때에는 변경한 날부터 7일 이내에 허가권자에게 신고하여야 합니다.

유의사항	
「건축법」 제110조제2호	위반사항을 시장·군수·구청장에게 보고한 공사감리자에 대하여 공사감리자의 지정을 취소하거나 불이익을 주어서는 아니 되며, 이를 위반하면 2년 이하의 징역 또는 1천만원 이하의 벌금에 처하여집니다.

작성방법
1. ① ~ ③ : 변경내용이 다수인 경우 ○○○ 외 ○인으로 기재하며, "외 ○인"의 현황도 제출합니다. 2. 공사감리자 및 공사시공자의 최초도급금액, 정산금액은 변경전 관계자에 대하여 작성하고, 도급계약일자, 잔여계약금액은 변경후 관계자에 대하여 작성합니다.

지어진 건물을 철거하려 할 때 신고하는 서류이다.

■건축법 시행규칙 [별지 제13호서식] <개정 2015.10.5.>   세움터(www.eais.go.kr)에서도 신청할 수 있습니다.

착 공 신 고 서

• 어두운 칸(▨)은 신고인이 작성하지 아니하며, [ ]에는 해당하는 곳에 √ 표시를 합니다.   (2면중 제1면)

접수번호		접수일자		처리일자		처리기간	1일
신고인	건축주						
	전화번호						
	주소						
대지위치				지번			
허가(신고)번호				허가(신고)일자			
착공예정일자							
① 설계자	성명		(서명 또는 인)	자격번호			
	사무소명			신고번호			
	사무소주소				(전화번호 :		)
	도급계약일자			도급금액			원
② 공사시공자	성명		(서명 또는 인)	도급계약일자			
	회사명			도급금액			원
	생년월일(법인등록번호)			면허번호			
	주소				(전화번호 :		)
③ 공사감리자	성명		(서명 또는 인)	자격번호			
	사무소명			신고번호			
	사무소주소				(전화번호 :		)
	도급계약일자			도급금액			원
④ 건축물 석면 함유 유무	[ ] 천장재 [ ] 보온재			[ ] 단열재 [ ] 기타		[ ] 지붕재 [ ] 해당 없음	

⑤ 관계 전문기술자	분야	자격증	자격번호	주소
	( ) (서명 또는 인)			
	( ) (서명 또는 인)			
	( ) (서명 또는 인)			
	( ) (서명 또는 인)			

210mm×297mm[보존용지(2종) 70g/㎡]

■ 건축법 시행규칙[별지 제13호서식]

(2면중 제2면)

「건축법」 제21조 제1항에 따라 위와 같이 착공신고서를 제출합니다.

년   월   일

신고인(건축주)   (서명 또는 인)

특별시장·광역시장·특별자치도지사, 시장·군수·구청장 귀하

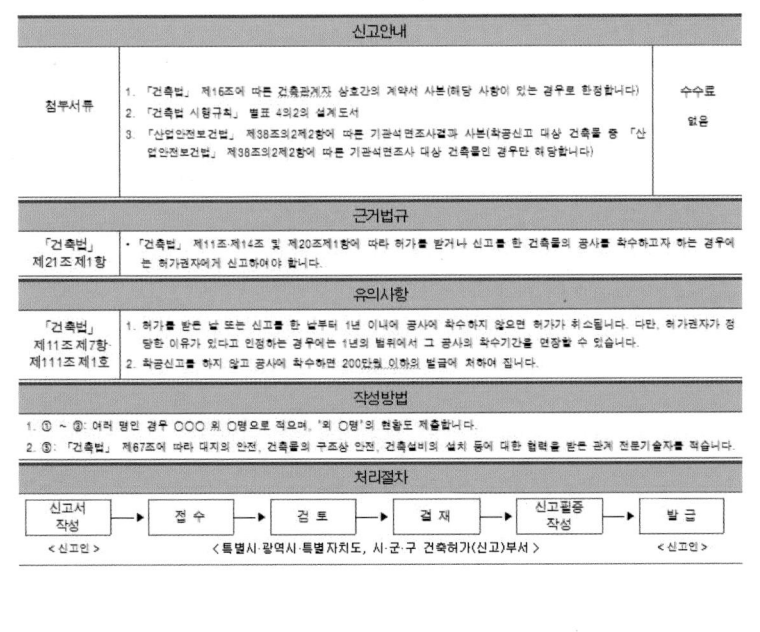

건축허가를 받으려 하는 경우 이제부터 건축을 할 것임을 신고하는 서류이다.

■ 건축법 시행규칙 [별지 제4호서식] <개정 2011.4.1> 　　　　　세움터(www.eais.go.kr)에서도 신청할 수 있습니다.

건축관계자 변경신고서

• 어두운 란( )은 신고인이 작성하지 아니하며, [ ]에는 해당하는 곳에 √ 표시를 합니다. (앞 쪽)

접수번호		접수일자		처리일자		처리기간	일
신청구분		[ ]건축주		[ ]공사감리자		[ ]공사시공자	
허가(신고)번호							
대지위치							

① 건축주

구분	변경 전	변경 후
성명	(전화번호 :)	(전화번호 :)
생년월일(사업자 또는 법인등록번호)		
주소		

② 공사감리자

구분	변경 전	변경 후
성명	(자격번호 :)	(자격번호 :)
사무소명	(신고번호 :)	(신고번호 :)
주소	(전화번호 :)	(전화번호 :)
감리기간	~	~
최초도급금액	원	도급계약일자	
정산금액	원	잔여계약금액	원

③ 공사시공자

구분	변경 전	변경 후
대표자명		
회사명	(면허번호 :)	(면허번호 :)
주소	(전화번호 :)	(전화번호 :)
시공기간	~	~
최초도급금액	원	도급계약일자	
정산금액	원	잔여계약금액	원

「건축법 시행규칙」 제11조에 따라 위와 같이 건축관계자변경신고서를 제출합니다.

　　　　　　　　　　　　　　　　　　　년　　　월　　　일

　　　　　　　　　　　신고인　　　　　　　(서명 또는 인)

특별시장 · 광역시장 · 특별자치도지사, 시장 · 군수 · 구청장 귀하

210mm×297mm[보존용지(2종) 70g/㎡]

■건축법 시행규칙[별지 제26호서식]

(뒤 쪽)

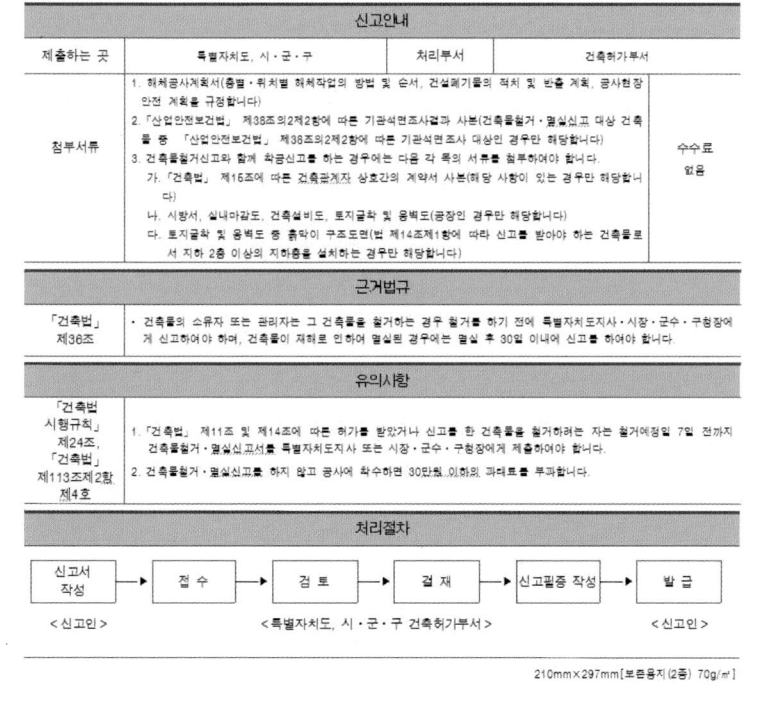

개발행위허가를 받은 뒤 건축허가를 얻어 건물을 짓다가 매도할 경우 건축주를 변경하기 위한 서류이다.

■ 건축법 시행규칙[별지 제27호서식] <개정 2012.12.12>

도 로 관 리 대 장

(2면 중 제1면)

지정번호			
대지위치		지번	
건축주	생년월일(사업자 또는 법인등록번호)	허가(신고)번호	
도로길이 m	도로너비 m	도로면적 m²	
이해관계인동의서			

아래 부분을 「건축법」 제45조에 따른 도로로 지정함에 동의합니다.
※ 지정된 도로는 「건축법」 제2조에 따른 도로로 인정됩니다.

관련지번	동의면적(m²)	동의일자	토지소유자	생년월일 (법인등록번호)	서명 또는 인

작성자: 직급   성명   (서명 또는 인)

확인자: 직급   성명   (서명 또는 인)

210mm×297mm[보존용지(2종) 70g/m²]

(2면 중 제2면)

위치도 및 현황도

• 위치도 및 현황도를 작성합니다.

| 위치도 | 축 척 〈임 의〉 |

| 현황도 | 축 척   [ ] 1/600,   [ ] 1/1,200 |

도로로 지정이 되면 도로대장에 필지를 등재하여 도로로 이용하기 위한 서류이다.
위치도 및 현황도를 첨부한다.

■ 건축법 시행규칙 [별지 제26호서식] <개정 2011.4.1>　　　　　　세움터(www.eais.go.kr)에서도 신청할 수 있습니다.

도로 폐지·변경신청서

• 어두운 란(　　)은 신청인이 작성하지 아니하며, [ ]에는 해당하는 곳에 √ 표시를 합니다.　　　(3면 중 제1면)

접수번호	접수일자	처리일자	처리기간	일

신청구분	[ ]도로 폐지	[ ]도로 변경

신청인	성명	(서명 또는 인)	생년월일(사업자 또는 법인등록번호)
	주소		

도로지정번호		도로지정일	
대지위치		지번	

폐지·변경내용

위치	길이(m)	너비(m)	면적(㎡)	폐지/변경사유

「건축법」제2조 및 제45조에 따라 위와 같이 도로폐지·변경허가 신청서를 제출합니다.

　　　　　　　　　　　　　　　　　　　　　　　년　　월　　일

　　　　　　　　　　　　　　　신청인　　　　　　　　　(서명 또는 인)

특별시장·광역시장·특별자치도지사, 시장·군수·구청장 귀하

신청안내

첨부서류	없음		수수료	원
제출하는 곳	특별시·광역시·특별자치도, 시·군·구	처리부서	건축허가부서	

근거법규

「건축법」 제45조	특별시장·광역시장·특별자치도지사, 시장·군수·구청장이 건축허가 또는 신고시 지정한 도로를 폐지하거나 변경하려는 경우에는 허가를 받아야 합니다.

작성방법

1. "도로지정번호" 및 "도로지정일"란 시·군·구 등에 비치되어 있는 도로대장을 보고 적습니다.
2. "대지위치"란 건축허가(신고)를 받으려는 대지의 위치를 적습니다.
3. "폐지·변경내용"란 폐지 또는 변경 후 도로의 길이/너비/면적을 적습니다.

210mm×297mm[보존용지(2종) 70g/㎡]

(3면 중 제2면)

위치도 및 현황도

• 위치도 및 폐지 · 변경 후 현황도를 작성합니다.

| 위치도 | 축 척 〈임 의〉 |

| 폐지 · 변경 후 현황도 | 축 척   [ ] 1/600,   [ ] 1/1,200 |

도로로 지정되어 있는 필지를 용도 폐지하려고 할 때나 위치를 변경하려 하는 경우 필요한 서류이다. 여기에 다음 쪽의 위치도 및 현황도, 이해관계인동의서를 첨부한다.

(3면 중 제3면)

이해관계인동의서

「건축법」 제45조에 따라 지정된 도로를 폐지/변경함에 동의합니다.
※ 변경된 도로는 「건축법」 제2조에 따른 도로로 인정됩니다.

o 도로지정을 추가하는 경우

관련지번	동의면적(㎡)	동의일자	토지소유자	생년월일(사업자 또는 법인등록번호)	서명 또는 인

o 도로를 폐지하는 경우

관련지번	동의면적(㎡)	동의일자	토지소유자	생년월일	서명 또는 인

■ 건축법 시행규칙 [별지 제30호서식] <개정 2011.4.1>   세움터(www.eais.go.kr)에서도 신청할 수 있습니다.

공작물축조신고서

• 어두운 란( )은 신고인이 작성하지 아니하며, ※ 설계자·공사시공자란은 해당사항이 있는 경우에만 작성합니다.

| 신고번호(연도-기관코드-업무구분-신고일련번호) | 접수일자 | 처리일자 | 처리기간 | 일 |

건축주	성명		생년월일(사업자 또는 법인등록번호)
	주소		(전화번호 :)

대지조건	대지위치	지역
	지번	지구
	지목	구역

※ 설계자	성명	자격번호
	사무소명	신고번호
	주소	

※ 공사시공자	성명	생년월일(사업자 또는 법인등록번호)
	회사명	면허번호
	주소	

축조할 공작물의 종류 (「건축법 시행령」제118조제1항)

• 굴뚝, 장식탑, 기념탑, 광고탑, 광고판, 고가수조, 옹벽, 담장, 지하대피호, 골프연습장 철탑, 통신용 철탑, 기계식 주차장, 철골조립식 주차장, 기타 건축조례로 정한 공작물

종류	구조	높이(m)	길이(m)	면적(㎡)	건폐율(%)

「건축법」제83조 및 같은 법 시행규칙 제41조에 따라 위와 같이 공작물축조신고서를 제출합니다.

년   월   일

건축주   (서명 또는 인)

특별자치도지사, 시장·군수·구청장 귀하

신고안내				
첨부서류	1. 배치도 1부 2. 구조도 1부			수수료 원
제출하는 곳	특별자치도, 시·군·구	처리부서	건축허가(신고)부서	

유의사항	
「건축법」제110조	• 신고를 하지 아니하고 공작물을 축조한 자는 2년 이하의 징역 또는 1천만원 이하의 벌금에 처하여 집니다.

210㎜×297㎜ [보존용지(2종) 70g/㎡]

해당 번지 토지 안에 공작물을 설치하려 할 때 신청하는 서류이다.

도서출판 지혜로

'도서출판 지혜로'는 경제·경영, 법률 서적 전문 출판사입니다. 지혜로는 독자들을 '지혜의 길로 안내한다'는 의미입니다. 지혜로는 특히 부동산 분야에서 독보적인 위상을 자랑하고 있으며, 지금까지 출간되었던 모든 책들이 베스트셀러 그리고 스테디셀러가 되었습니다.

출판업계에선 베스트셀러보다 몇 배 더 귀한 평가가 바로 스테디셀러가 되는 것입니다. 왜냐하면 독자들이 그 책을 읽고 좋은 평가가 있어야만 꾸준한 입소문을 타서 비로소 스테디셀러가 될 수 있기 때문입니다. 초반에 베스트셀러가 되고 스테디셀러가 되지 못했다면 그 책은 좋은 책이 아닐 가능성이 매우 높습니다. 지혜로의 모든 책들이 스테디셀러가 된 것도 독자분들께 가장 큰 상을 받았다고 생각하고 앞으로도 엄선된 책만을 출간할 것을 다짐하게 합니다.

지혜로는 '소장가치 있는 책만 만든다'는 출판에 관한 신념으로 사업적인 이윤보다 우선 '독자를 향한 마음'에 초점이 맞춰져 있고, 계속해서 아래의 원칙을 지켜나가겠습니다.

첫째, 객관적으로 '실전에서 실력이 충분히 검증된 저자'의 책만 선별하여 제작합니다.
실력 없이 책을 내는 사람들도 많은데 그런 책은 읽더라도 절대 유용한 정보를 얻을 수 없습니다. 원고뿐 아니라 저자의 실력에 관해 엄격하게 검증을 하고 출간합니다.

둘째, 불필요한 지식이나 어려운 내용은 편집하여 최대한 '독자들의 눈높이'에 맞춥니다.
저자가 알고 있는 지식보다 독자에게 필요한 지식을 채우는 것이 최우선입니다.

마지막으로 도서출판 지혜로의 '어떤 책이든 믿고 구매'하실 수 있도록 초심을 잃지 않고 좋은 책만 만들겠습니다.

뉴스 > 부동산

도서출판 지혜로, "돌풍의 비결은 저자의 실력 검증"
송희창 대표, 3권의 책을 쓴 베스트셀러 작가, "독자들에게 꾸준히 좋은 책 제공"

'도서출판 지혜로'에서 출간한 주요 책들.

[로이슈] 도서출판 지혜로의 신간 서적 역시 출간과 동시에 온·오프라인 서점에 모두 베스트셀러 도서로 선정됐다.

실제로 이번 신간을 포함하면 지혜로 출판사는 2012년 설립 이후 지금까지 출간한 총 16권의 모든 서적이 베스트셀러로 기록됐으며, 이로써 지혜로 출판사는 불황인 출판업계에 희망의 아이콘으로 자리 잡았다.

지혜로가 강력 추천하는 베스트&스테디셀러

이선미 지음 | 308쪽 | 16,000원

싱글맘 부동산 경매로 홀로서기
(개정판)

채널A 〈서민갑부〉 출연!
경매 고수 이선미가 들려주는 실전 경매 노하우

- 경매 용어 풀이부터 현장조사, 명도 빨리하는 법까지, 경매 초보들을 위한 가이드북!
- 〈서민갑부〉에서 많은 시청자들을 감탄하게 한 그녀의 투자 노하우를 모두 공개한다!
- 경매는 돈 많은 사람만 할 수 있다는 편견을 버려라! 마이너스 통장으로 경매를 시작한 그녀는, 지금 80채 부동산의 주인이 되었다.

박희철 지음 | 328쪽 | 18,000원

경매 권리분석 이렇게 쉬웠어?

대한민국에서 가장 쉽고, 체계적인 권리분석 책!
권리분석만 제대로 해도 충분한 수익을 얻을 수 있다.

- 초보도 쉽게 정복할 수 있는 권리분석 책이 탄생했다!
- 경매 권리분석은 절대 어려운 것이 아니다. 이제 쉽게 분석하고, 쉽게 수익내자!
- 이 책을 읽고 따라하기만 하면 경매로 수익내기가 가능하다. 부동산 투자의 매력에 푹 빠져보자!

송희창 지음 | 352쪽 | 17,000원

엑시트 EXIT

당신의 인생을 바꿔 줄 부자의 문이 열린다!
수많은 부자를 만들어낸 송사무장의 화제작!

- 무일푼 나이트클럽 알바생에서 수백억 부자가 된 '진짜 부자'의 자본주의 사용설명서
- 부자가 되는 방법을 알면 누구나 평범한 인생을 벗어나 부자의 삶을 살 수 있다!
- '된다'고 마음먹고 꾸준히 정진하라! 분명 바뀐 삶을 살고 있는 자신을 발견하게 될 것이다.

서상하 지음 | 356쪽 | 18,000원

대한민국 땅따먹기

진짜 부자는 토지로 만들어 진다!
최고의 토지 전문가가 공개하는 토지투자의 모든 것!

- 토지 투자는 어렵다는 편견을 버려라! 실전에 꼭 필요한 몇 가지 지식만 알면 누구나 쉽게 도전할 수 있다.
- 경매 초보들뿐만 아니라 경매 시장에서 더 큰 수익을 원하는 투자자들의 수요까지 모두 충족시키는 토지 투자의 바이블 탄생!
- 실전에서 꾸준히 수익을 내고 있는 저자의 특급 노하우를 한 권에 모두 수록!

송희창 지음 | 308쪽 | 16,000원

송사무장의 부동산 경매의 기술

수많은 네티즌이 선정한 최고의 책!

- 출간 직후부터 10년 동안 연속 베스트셀러를 기록한 경매의 바이블이 개정판으로 돌아왔다!
  경매 초보도 따라할 수 있는 송사무장만의 명쾌한 처리 해법 공개!
- 지금의 수많은 부자들을 탄생시킨 실전 투자자의 노하우를 한 권의 책에 모두 풀어냈다.
- 큰 수익을 내고 싶다면 고수의 생각과 행동을 따라하라!

송희창 지음 | 456쪽 | 18,000원

송사무장의 부동산 공매의 기술

드디어 부동산 공매의 바이블이 나왔다!

- 이론가가 아닌 실전 투자자의 값진 경험과 노하우를 담은 유일무이한 공매 책!
- 공매 투자에 필요한 모든 서식과 실전 사례가 담긴 이 책 한 권이면 당신도 공매의 모든 것을 이해할 수 있다!
- 저자가 공매에 입문하던 시절 간절하게 원했던 전문가의 조언을 되짚어 그대로 풀어냈다!
- 경쟁이 덜한 곳에 기회가 있다! 그 기회를 놓치지 마라!

송사무장의 실전경매
(송사무장의 부동산 경매의 기술2)

경·공매 유치권 완전 정복하기!

- 수많은 투자 고수들이 최고의 스승이자 멘토로 인정하는 송사무장의 '완벽한 유치권 해법서'
- 저자가 직접 처리한 다양한 사례들을 통해 독자들이 생생한 간접 경험을 할 수 있도록 하고, 실전에서 바로 응용 가능한 서식과 판례까지 모두 수록!
- 이 책 한 권이면 유치권에 관한 실전과 이론의 완벽 마스터가 가능하다!

송희창 지음 | 376쪽 | 18,000원

아파트 청약 이렇게 쉬웠어?

가점이 낮아도, 이미 집이 있어도, 운이 없어도 당첨되는 비법은 따로 있다!

- 1년 만에 1,000명이 넘는 부린이를 청약 당첨으로 이끈 청약 최고수의 실전 노하우 공개!
- 청약 당첨이 어렵다는 것은 모두 편견이다. 본인의 상황에 맞는 전략으로 도전한다면 누구나 당첨될 수 있다!
- 사회초년생, 신혼부부, 무주택자, 유주택자 및 부동산 초보부터 고수까지 이 책 한 권이면 내 집 마련뿐 아니라 분양권 투자까지 모두 잡을 수 있다.

김태훈 지음 | 384쪽 | 18,000원

부자들만 알고 있는
수도권 알짜 부동산 답사기

알짜 부동산을 찾아내는 특급 노하우를 공개한다!

- 초보 투자자가 부동산 경기에 흔들리지 않고 각 지역 부동산의 옥석을 가려내는 비법 공개!
- 객관적인 사실에 근거한 학군, 상권, 기업, 인구 변화를 통해 각 지역을 합리적으로 분석하여 미래까지 가늠할 수 있도록 해준다!
- 풍수지리와 부동산 역사에 관한 전문지식을 쉽고 흥미진진하게 풀어낸 책!

김학렬 지음 | 420쪽 | 18,000원

김용남 지음 | 272쪽 | 16,000원

1년 안에 되파는 토지투자의 기술

**초보자도 쉽게 적용할 수 있는
토지투자에 관한 기막힌 해법 공개!**

- 토지투자는 돈과 시간이 여유로운 부자들만 할 수 있다는 편견을 시원하게 날려주는 책!
- 적은 비용과 1년이라는 짧은 기간으로도 충분히 토지투자를 통해 수익을 올릴 수 있다!
- 토지의 가치를 올려 높은 수익을 얻을 수 있게 하는 '토지 개발' 비법을 배운다!

김동우 · 최왕규 지음
420쪽 | 19,000원

부동산 절세의 기술
(전면개정판)

**양도세, 종부세, 종합소득세, 임대사업자까지
한 권으로 끝내는 세금 필독서!**

- 6년 연속 세금분야 독보적 베스트셀러가 완벽하게 업그레이드되어 돌아왔다!
- 세금 설계만 제대로 해도 최종 수익률이 달라진다. 부동산 투자자들의 강력 추천도서!
- 실전 투자자의 경험에 현직 세무사의 지식을 더한 소중한 노하우를 그대로 전수받을 수 있는 최고의 부동산 절세 책!

송희창 · 이시훈 지음
740쪽 | 55,000원

한 권으로 끝내는 셀프 소송의 기술
(개정판)

**부동산을 가지려면 반드시 이 책을 소장하라!
경매 특수물건 해결하는 방법을 모두 공개!**

- 내용증명부터 점유이전금지가처분, 명도소장 등 경·공매 투자에 필요한 모든 서식 수록!
- 송사무장이 특수물건을 해결하며 실전에서 사용했던 서식을 엄선하여 담고, 변호사의 법적 지식을 더한 완벽한 책!
- 누구나 쉽게 도전할 수 있는 셀프 소송의 시대를 연 바로 그 책! 이 책 한 권은 진정 수백만 원 그 이상의 가치가 있다!

농지, 임야, 공장 부지는 물론 택지까지!
토지 재테크를 위한 완벽 실전 매뉴얼

평생 연봉, 나는 토지 투자로 받는다

초판 인쇄 2016년 01월 22일
12쇄 발행 2020년 08월 30일

지 은 이 김용남
감　　수 송희창
책임편집 김명진
편집진행 배희원, 여소연
펴 낸 곳 도서출판 지혜로

출판등록 2012년 3월 21일 제 387-2012-000023호
주　　소 경기도 부천시 원미구 길주로 137, 6층 602호(상동, 상록그린힐빌딩)
전　　화 032-327-5032 　|　**팩　　스** 032-327-5035
이 메 일 jihyerobook@gmail.com
　　　　　(독자 여러분의 소중한 의견과 원고를 기다립니다.)

ISBN 978-89-968855-7-3 (13590)
값 16,000원

- 잘못된 책은 구입처에서 교환해드립니다.
- 이 책은 저작권법에 의하여 보호를 받는 저작물이므로 무단 전재 및 복제를 금합니다.

도서출판 지혜로는 경제 · 경영 서적 전문 출판사이며, '독자들을 위한 책'을 만들기 위해 객관적으로 실력이 검증된 저자들의 책만 엄선하여 제작합니다.

평생 연봉, 나는
토지 투자로 받는다

평생 연봉, 나는
토지 투자로 받는다